Ernest BRELAY

LETTRES

D'UN

ÉCONOMISTE CLASSIQUE

A UN

AGRICULTEUR SOUFFRANT

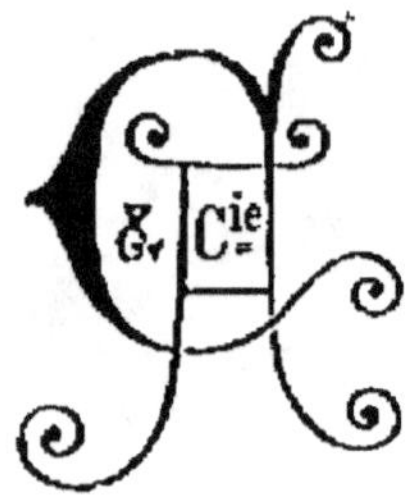

Paris, 5, rue de Mézières

Armand Colin & Cie, Éditeurs

Libraires de la Société des Gens de Lettres

LETTRES

D'UN ÉCONOMISTE CLASSIQUE

A UN AGRICULTEUR SOUFFRANT

QUESTIONS DU TEMPS PRÉSENT

LETTRES

D'UN

ÉCONOMISTE CLASSIQUE

A UN

AGRICULTEUR SOUFFRANT

PAR

Ernest BRELAY

Paris, 5, rue de Mézières

Armand Colin & Cie, Éditeurs

Libraires de la Société des Gens de Lettres

1ʳᵉ LETTRE

D'UN ÉCONOMISTE CLASSIQUE

A UN AGRICULTEUR SOUFFRANT

La maladie des agriculteurs en chambre. — Les acheteurs de terres. — La baisse des utilités et l'économie de l'effort. — Le loyer du sol et la loi commune. — *La grande sacrifiée* et l'impôt sur son revenu. — L'effondrement du plancher des vaches. — Redevance ou contribution. — Les seuls contribuables réellement dégrevés. — Les privilèges des producteurs ruraux. — Les dégrèvements imaginaires et les réformes agressives.

Dinard, 10 septembre 1896.

Mon cher confrère,

Personne ne m'a dit que vous fussiez malade, et chaque fois que nous nous voyons, je vous trouve plein d'entrain et de dispositions à la combativité. Pourtant vous êtes membre de la *Société des agriculteurs de France*, et chacun sait que dans cette réunion d'hommes distingués, on entend toujours le même cri, imité de Bossuet : « l'Agriculture se meurt! L'Agriculture est morte ., si l'on ne vient pas à son secours! »

Et comme l'Agriculture est une abstraction représentée par des hommes. je dois croire que c'est de ceux ci qu'il faut avoir pitié. Mais vous n'avez pas mauvaise mine ; vos confrêres non plus , et les méchantes langues prétendent que c'est à la poche seulement que vous êtes atteints. Ce n'est pas une raison pour que je me montre insensible à vos souffrances ; j'y compatis au contraire d'autant plus que vous êtes, si je ne me trompe, un agriculteur en chambre, c'est-à-dire un pur théoricien. comme moi, et qu'à ce titre, admettant qu'on fasse précéder la pratique de la théorie, — sous peine d'agir comme la corneille qui abat des noix, vous devez avoir l'esprit ouvert à tout raisonnement dénué d'artifice. Je viens donc causer avec vous des « souffrances de l'agriculture » dont, personnelle- ment, j'entends parler depuis le règne de Charles X ; ce qui me donne une haute idée de sa résistance à la maladie. C'est donc avec une sincérité absolue que je vais vous faire part de mes observations et chercher avec vous les moyens — s'il en existe, — de mettre fin à une situation alarmante pour notre pays.

*
* *

D'abord, si vous voulez bien, nous ne confondrons pas les agriculteurs avec les bourgeois, nos congénères, qui ont acheté de la terre ou en ont reçu en héritage et la louent à des fermiers. Ces gens là ne sont ni plus ni moins intéressants que ceux qui placent leur argent en comman- dites, en actions ou en obligations. Je ne leur veux aucun mal, bien au contraire ; mais ils ont été dupes de leur ima- gination. Depuis la paix qui, pendant près de quarante ans, a suivi la chute du premier empire, ils ont vu la propriété cultivable hausser de prix et de revenus ; si bien qu'il y a vingt ans elle avait une valeur vénale de plus du triple de ce qu'elle obtenait, en moyenne, en 1788.

On l'achetait, on l'achetait sans cesse ; c'était, par excellence, le placement du père de famille, on disait : « La terre, au moins ne s'envole pas ! » Son revenu ne dépassait guère 2 1/2 p. 100 ; mais on comptait sur l'avenir et l'on ne se trompait pas toujours. Dans ma propre famille, d'excellentes terres labourables, acquises dans ces conditions en 1840 ou 1845, avaient fini par rendre près de 6 p. 100 à leurs possesseurs. Ceux-ci morts, leurs biens mis en vente furent achetés, il y a huit ou dix ans, par les fermiers qui les cultivaient ; et les héritiers ne gémirent pas de perdre un tiers environ sur l'évaluation faite par le fisc pour le prélèvement de ses droits. J'en étais, et je n'eus pas l'idée de croire que l'agriculture souffrit en ma personne. Mes acheteurs non plus, puisqu'ils purent me payer leurs achats au moyen des profits réalisés sur les mêmes biens.

Les revenus changeaient de mains, mais le capital de la France n'était pas définitivement amoindri pour cela. Le fut-il, ce n'est pas son montant idéal qui doit nous intéresser, mais bien son rendement.

* *
*

Donc, je ne conteste pas le moins du monde que la terre, matière première de l'agriculture, ait subi une dépréciation ; on l'avait fait monter à un taux où elle ne pouvait plus faire vivre à la fois le rentier et le cultivateur ; celui-ci a donc opposé une résistance passive à son bailleur, et dans beaucoup de cas, au lieu de rien proposer, a attendu qu'on lui offrit des réductions de loyer.

Il a fallu en passer par là, et l'on a dû se résigner à accepter une diminution de revenu de 10, 20, 30 p. 100, quelquefois plus. La moyenne est estimée à 25 p. 100 environ, et l'on n'est peut-être pas au bout. Mais à quoi bon récriminer ? Vous savez aussi bien que moi que presque toutes les *utilités* ont baissé de prix ; — la propriété bâtie comme celle qui ne l'est pas ; — c'est-à-direque pour avoir un revenu de 1.000 francs, il faut débourser une somme double, en 1896, de celle qui était nécessaire en 1848. Le capital a dû s'offrir pendant que le travail se laissait demander. Chacun son tour ! C'est la concurrence qui a causé cette « réforme » spontanée, et tout le monde y a travaillé, consciemment ou non. Libre à vous de maudire cette concurrence ; mais il est incontestable que nous la voulons lorsqu'elle nous profite, tout en ayant l'inconséquence de prétendre l'empêcher officiellement si elle semble se mettre en travers de nos propres intérêts. Vaine tentative, déjouée plus ou moins promptement par la loi naturelle si bien exposée par notre confrère Yves Guyot, qui nous porte à n'appliquer nos forces qu'à un résultat, sans les dépenser, comme l'écureuil dans sa cage, à faire une gymnastique stérile. (1)

*
* *

Vous savez que le coton, la laine, la soie, le bois, le cuir ont baissé de prix ; les rentes d'état, l'intérêt des prêts sous toutes les formes ont descendu la même pente au grand profit de tous les consommateurs ; pourquoi en serait-il autrement du sol ? Parmi ses détenteurs, beaucoup ont cru à la hausse indéfinie ; ce sont des spéculateurs qui se sont trompés ; personne ne peut rien pour eux. Supposons même que les acheteurs ou les locataires à la baisse soient flétris et condamnés comme agioteurs ; croyez-vous que ce serait un moyen de relever le cours ? Non, n'est-ce pas ? Alors, il faut cesser de récriminer et accepter ce qui est fatal. Il faut surtout vous garder de

(1) V. *L'économie de l'effort*, par M. Yves Guyot, un volume. Arm. Colin et Cie, éditeurs, Paris.

dire que « l'agriculture est souffrante » ou agonisante
parce que le loyer de la terre diminue ; ce serait altérer la
vérité, puisque le vrai cultivateur bénéficie de cette baisse
au même titre que de celle des transports, des engrais, des
amendements et des instruments aratoires, tant que des
lois humaines... très inhumaines, n'interviennent pas
pour l'empêcher de les recevoir au plus bas prix possible.

Ainsi, voilà qui est entendu, mon cher « Agriculteur de
France » ; vous n'êtes ni plus ni moins intéressant que
le négociant ou l'industriel qui ont fait des marchés à
terme à un trop haut cours ; que les spéculateurs sur certaines entreprises de canaux inter-océaniques ou de dou-
teuses mines d'or : enfin, vous avez manqué de prévoyance
et vous n'avez aucun droit à obtenir que la « société »
répare vos erreurs aux dépens des autres « sociétaires ».

Cependant, avec une étrange irréflexion, vous allez
criant à tous les carrefours qu'il faut qu'on vous vienne
en aide en dégrèvant la terre, qui, selon vous et vos compères, serait trop imposée. Plusieurs de ces messieurs
ont prétendu prouver, à l'aide de chiffres ingénieusement
groupés, que l'agriculture supportait des charges allant
jusqu'à 33 p. 100 de son revenu.

M. le Président actuel du Conseil des ministres, dont, à
ce propos, il convient, de jouer la modération relative, a
affirmé dans un discours récent que lesdites charges
« écrasantes » s'élevaient à 27 p. 100. Un de ses collègues,
M. Turrel, tout en qualifiant l'agriculture de « grande
sacrifiée », n'a pas osé monter plus haut que 25 p. 100.
Un de mes amis, très sincère, et qui opère en métayage,
est descendu à 15 p. 100, en avouant, d'ailleurs, que ses
bénéfices moyens étaient fort satisfaisants. Enfin, M. D.

Zolla, dont personne ne conteste la compétence, a démontré que la terre ne payait *en principal*, — et toutes choses remises au point, — que 6 p. 100 au plus (1).

*
* *

Je souligne *en principal*, parce que, si les centimes additionnels s'élèvent actuellement plus haut que le contingent de l'Etat, cela ne regarde que les contribuables qui les ont votés et les emploient, d'ailleurs, à leur profit exclusif. Laissons donc ces centimes de côté, et persuadons-nous bien que ni lamentations, ni patenôtres ne les pourront faire supprimer.

La propriété non bâtie supporte en réalité une contribution foncière de 103 millions de francs, répartie sur environ 14 millions de cotes. L'ensemble de la surface imposée est, selon M. Yves Guyot (2), de 35 millions d'hectares, ce qui fait à peu près 3 francs par hectare cultivé. Si tel est le fardeau qui semble à M. Méline devoir effondrer la terre, c'est que la croûte de celle-ci est bien mince, et qu'il faut nous hâter, sous peine de crouler dans le gouffre central, de quitter ce que l'on a considéré jusqu'ici comme l'éternel plancher des vaches !

Mais non ; nous pouvons nous rassurer ; cette demi-fin du monde n'est pas imminente ; l'agriculture elle-même n'est pas directement atteinte par l'impôt foncier. Lorsqu'il y a location, il est bien entendu que c'est le propriétaire qui paie ; il le savait en contractant et a établi son fermage en conséquence. Jadis, il a tenu le bon bout ; c'est le cultivateur qui paraît le tenir aujourd'hui, à moins qu'il

(1) Revue politique et parlementaire, juillet 1896, p. 180. Arm. Colin, Paris.
(2) Siècle, 19 Août 1896.

ne soit lui-même possesseur du domaine petit ou grand ; auquel cas, je n'ai pas de larmes à verser sur son sort. Je vais plus loin, et je prétends qu'il n'y a pas d'impôt spécial sur l'agriculture. On suppose, à tort ou à raison, qu'elle paie les mêmes contributions, directes ou indirectes, que tout le monde, — ce qui, en fait, est discutable, — mais il est facile, au contraire, de démontrer qu'elle est particulièrement ménagée et, qu'à l'inverse de tous les droits qu'on essaie de lui attribuer, elle a peut-être le devoir — comme le vieux soldat de la chanson — de se taire... sans murmurer.

Une opinion émise, entre autres économistes, par M. Hippolyte Passy, et qu'il est difficile de contredire, est que la contribution foncière constitue, non un impôt proprement dit, mais une *redevance* que tous les acquéreurs ne manquent pas de calculer pour la propriété cultivable, au même titre que, dans les achats d'immeubles bâtis, on la comprend dans les frais généraux de tous genres, tels que l'entretien, la gérance, l'éclairage, l'eau, le gaz, les charges de voirie, de balayage, d'assainissement, etc., C'est un peu l'histoire des gens qui prennent une place au théâtre ; ils savent bien que dans le prix de leur billet, on a calculé, à tort ou à raison, une redevance de 10 p. 100 en faveur de l'assistance publique. Si c'est trop cher, ils s'abstiennent ; mais ils ne sont pas pris en traîtres ; et quand un directeur prétend qu'on le ruine en faisant ce prélèvement, sur sa recette brute, il..... habille la vérité comme le ferait un simple « *Agriculteur de France.* »

*
* *

En réalité, la plupart des impôts ont subi un accroissement presque continu ; le foncier, au contraire, a été dégrevé dix fois depuis 1791. De 240 millions, il est descendu, par degrés successifs, à 103 millions ; la dernière réduction qui l'a amené à ce chiffre, sous prétexte de péréquation relative, a été de 15 millions ; et c'est un un « *Agriculteur de France*, » qui, par son agitation endiablée, a obtenu ce résultat. Je le félicite de son énergie, mais je le vois, avec un grand malaise, s'efforcer — en s'appuyant sur le concours de toute la Béotie — d'arracher à l'Etat les derniers 103 millions, sous prétexte que l'agriculture va mourir si on ne l'en décharge pas. Ledit agriculteur — en chambre lui aussi, — propose, il est vrai, de combler le trou que cela creuserait dans le budget par une forte surtaxe de l'alcool, ou par le monopole de celui-ci ; mais outre que cette ressource éventuelle est déjà plus ou moins engagée et est exploitée scandaleusement par le charlatanisme politico-financier, il n'y a aucune bonne raison qui autorise les propriétaires en question à ne rien payer à l'Etat.

Rien, me direz-vous ; c'est une exagération. Ne paient-ils pas les contributions indirectes, les droits de mutation et tout ce qui est demandé aux autres citoyens ? Mais non ; pas précisément, et ceux qui sont de véritables ruraux, les fermiers, les propriétaires moyens, petits ou minuscules échappent, dans une mesure notable, au droit commun. Ils ne peuvent éviter les frais d'enregistrement, mais ils savent en atténuer un peu le poids ; s'ils sont fumeurs, ils paient, comme tout le monde, le tabac un peu cher, mais ils évitent, en grande partie, en qualité de producteurs, les taxes de consommation.

Le privilège des bouilleurs de cru, dont jouissent officiellement 750.805 campagnards, représente à lui seul, non seulement une immunité que rien ne justifie, mais encore facilite une fraude énorme aux dépens du Trésor, et par conséquent de tout le monde (1).

Ce qui est souverainement honteux, c'est de voir ce genre de délit non seulement toléré, mais protégé et défendu par une majorité de législateurs en quête de suffrages frelatés !

* *

Je m'arrête pour aujourd'hui de peur de devenir agressif, mais je me propose de vous entretenir des cultivateurs professionnels, qui sont réellement dignes de sollicitude. Quant à vous, mon bon ami, je déclare franchement, que votre destinée ne me donne pas d'angoisses; votre revenu est diminué; c'est regrettable sans doute, mais il n'y a rien d'exceptionnel dans votre cas, et en regardant autour de moi, je n'aperçois que des gens plus ou moins atteints par la moindre rémunération de leurs capitaux. Vous êtes un rentier comme un autre, et la baisse des fermages a sur vous l'effet des conversions de rentes. Les porteurs de valeurs mobilières sont dans votre cas, et quant à la propriété bâtie, dont je peux vous parler avec une compétence personnelle, elle souffre, elle aussi et n'est pas au bout de ses peines. Propriétaires et locataires sont menacés, en outre, de dégrèvements imaginaires et de « réformes » agressives que l'expérience condamne ; ne gémissons pas, croyez-moi et bornons nous à éclairer le public en le mettant en garde contre les progressistes à rebours. Je soutiens que nous ne sommes, ni vous ni moi, des agriculteurs souffrants, bien que je travaille un peu dans mon jardin; mais nous devons témoigner notre sympathie aux vrais agriculteurs de France ; ceux de la campagne, qui n'ont pas grand chose de commun avec la grande maison de la rue d'Athènes.

(1) V. *Bulletin de statistique du ministère des Finances* août 1896, p. 159.

B.　　　　　　　　　　　　　　　　　　2

2° LETTRE D'UN ÉCONOMISTE CLASSIQUE

A UN AGRICULTEUR SOUFFRANT

———

Labour, pâture et les agrariens. — La théorie des crises. — Le profit des uns et le dommage des autres. — La liberté d'importation. — Le péril de nos concurrents lointains. — Le stock, voilà l'ennemi ! — Les pouvoirs publics et les agioteurs. — Le marché des pommes et celui du blé. — Comment les agriculteurs et les socialistes rompent les chiens. — Revendications égoïstes et cyniques. — Minimum et maximum. — Une superstition voulue. — L'avis de M. Gladstone et de Victor Hugo.

Dinard, le 17 septembre 1896.

Mon cher confrère.

Vous savez aussi bien que moi que, pour faire accepter certaines idées, bonnes ou mauvaises, il faut les répéter à satiété, comme le fait, depuis quinze ans, un professeur de science financière, abusivement loquace, en vue d'accréditer, dans les esprits, l'adoption par l'Etat d'un monopole que M. P. Leroy-Beaulieu compare ingénieusement à un *Panama nouveau*.

Adoptant la méthode du savant en question, dont je condamne énergiquement la théorie, je ne crains pas de

reproduire ces paroles, déjà citées ailleurs, d'un helvétien
de mes amis :

« Sully, disait que pâture et labour étaient les deux
« mamelles de la France ; or, voilà que ces nourricières,
« dans plusieurs contrées européennes, se transforment
« en sangsues, en pieuvres, et prétendent légalement se
« repaître de la substance des peuples ! »

Tel est, en effet, le cas des agrariens, aussi bien en Allemagne que chez nous, et le prétexte des « souffrances de
l'agricultnre » sert, comme sous les anciens régimes, à
tailler, à merci et miséricorde, non seulement les travailleurs urbains, mais encore ceux de la campagne.

Je vous ai déjà dit ce que je pensais des cultivateurs en
chambre ; je ne les trouve pas plus malades que vous et
moi ; mais je ne blâme pas que l'on témoigne quelque
compassion à ceux de nos compatriotes que La Bruyère
dépeignait « fouillant et remuant la terre avec une obsti-
« nation invincible et méritant de ne pas manquer de ce
« pain qu'ils ont semé ».

Nul, depuis Louis XIV, ne peut nier cependant que la
destinée du laboureur ne se soit fort améliorée ; il est
devenu de plus en plus propriétaire ; « l'animal noir, li-
« vide et tout brûlé du soleil » est contribuable et citoyen;
il se lave assez souvent, lit un journal et a, comme électeur, des courtisans aussi plats, mais plus perfides que
ceux du Roi-Soleil.

*
* *

Il est pourtant encore à plaindre, peut-être transitoire-
ment, parce que le progrès qui transforme toutes choses
le laisse fatalement un peu à l'arrière-garde « sociale » ;
et il peut-être bon, sans dépouiller personne en sa faveur,
sans recourir abusivement à l'intervention officielle, de
mettre à sa portée les principaux éléments d'enseigne-

ment technique. C'est ce qu'on fait déjà dans une mesure que les économistes les plus corrects ne s'attardent guère à discuter, en présence de l'attitude défensive que leur imposent les empiètements agressifs auxquels se livrent les pouvoirs publics, sous l'impulsion des distingués écornifleurs qui accaparent le titre d'*Agriculteurs de France*.

L'agriculture, dit-on depuis longtemps, est en *crise*. Pour savoir ce que vaut cette assertion, on fera bien, d'abord, de consulter le dictionnaire, puis de lire les travaux spéciaux de M. Clément Juglar, que de savantes observations sur ce sujet ont porté à l'Institut. Il y a des gens qui voient des crises partout ; c'est le moyen de justifier leurs maladresses, leur ignorance ou leur obstination routinière. Dans le commerce, à une époque prospère, j'invitais certains producteurs à ne plus fabriquer des articles jadis excellents, mais dont on ne voulait plus. Ces industriels persistaient à faire ce qui n'était plus demandé ; et en présence de la mévente prévue, ils s'écriaient : «Cette crise ne finira donc pas !... »

* * *

Eh bien! l'agriculture, sans avoir tout à fait les mêmes reproches à se faire, traverse une période de transition que son personnel le plus nombreux, celui des paysans, était incapable de prévoir, mais que les grands propriétaires-cultivateurs pouvaient discerner sans avoir la vue démesurément longue. Ce n'est pas d'hier que les continents ont été rapprochés par des moyens de transport rapides et économiques, et que dans d'immenses contrées on a pu tirer parti, en faveur de l'alimentation européenne, de terres plus ou moins vierges, fertilisées par des dépôts millénaires.

Il fallait accueillir comme des bienfaits ces dons partiellement gratuits de la nature ; ouvrir les bras aux importateurs russes, américains et asiatiques et les amener tacitement à nous faire d'autres achats, puisque la monnaie n'est qu'un agent d'échange, et qu'au bout du compte c'est avec des produits que les transactions finissent toujours par se balancer.

Je ne me dissimule nullement le préjudice que devaient éprouver nos producteurs de céréales ; mais nul n'a moralement le droit de forcer les hommes à refuser la vie à bon marché, *ni de faire du dommage des plus nombreux le profit d'une minorité*, même laborieuse et estimable au plus haut point.

Je vous prie de remarquer que, personnellement, vous n'avez jamais voulu travailler « pour le roi de Prusse » et que toute votre existence s'est passée à rechercher un résultat pratique ou fructueux, ainsi que le plus court chemin d'un point à un autre.

Protéger tout le monde est chimérique ; protéger quelques-uns est injuste ; l'Etat, en fait de protection, ne nous doit à tous que la sécurité et l'ordre public ; et la concurrence pacifique est une des formes indéniables de la liberté.

Donc, comme il s'agit de céréales, nous devions laisser acheter sans limites les blés exotiques ; nos demandes, jointes à celles des autres nations, en eussent fait peu à peu élever les prix, car les ouvriers des nouveaux pays eussent graduellement amélioré leurs salaires ; le frêt eût obtenu quelque élévation ; l'exploitation extensive fût devenue moins rémunératrice, et du côté français on eût compris bientôt que la culture scientifique et intensive, — telle qu'elle est maintenant pratiquée chez nous en beaucoup d'endroits, — permet de lutter sans désavantage contre les pays où l'homme n'a pas encore besoin, comme chez nous, de prêter beaucoup au sol pour en obtenir de généreux tributs.

*
* *

Vous en doutez; je vous connais et vous dites déjà : « Voilà mon pédant d'économiste qui parle de ce qu'il ne connaît pas! » Rassurez-vous et soyez même satisfait, car avouant plus sincèrement que beaucoup de vos compagnons mon incompétence technique, je vais emprunter mes preuves à un membre éminent de votre société : M. le Trésor de la Rocque. Ce gentleman qui est un grand statisticien devant l'Eternel, est d'avis, comme les gouvernants du temps de Louis-XV, non seulement que la France produit tout le froment nécessaire à sa nourriture, mais encore un notable excédent. Pourtant, au lieu de conclure en faveur du consommateur et de réclamer des mesures comme celles qui ont fait croire au fabuleux *pacte de famine*, il ferraille, pour le compte du producteur, contre des ennemis imaginaires et me fournit des renseignements très rassurants pour notre patrie.

Il établit, comme suit, la comparaison du rendement et du prix de nos récoltes de froment à treize ans de distance :

Production moyenne par hectare :

1882 ...... quintaux 13,9 hectolitres 18
1895 ... .. — 15,2 — 19,8

Prix obtenus :

1882 ...... quintal 27.69 hectolitre 21.51
1895 .... — 19.41 — 14.14

L'augmentation de la récolte, sans être considérable,

indique un progrès, et l'on en comprend l'étendue réelle, lorsqu'on voit certains départements — celui de Seine-et-Oise, par exemple — obtenir 30 hectolitres à l'hectare (1). Dans le Nord, dans la Beauce et ailleurs, la moisson de certains propriétaires atteint parfois le triple de ce que produisent, à surface égale, nos lointains concurrents. Ces derniers, alors, au lieu de nous écraser, comme le disent vos amis, peuvent se sentir un peu découragés; il est probable que le moment viendra où ils devront manger eux-mêmes leurs blés ou quitter la partie.

.·.

Quoi qu'il en soit, ledit Trésor de la Rocque prouve, par des chiffres que je ne veux pas contester, que la France peut et doit se suffire; mais que la spéculation, l'agiotage, la malice des meuniers, les combinaisons d'admissions temporaires, font chez nous donner la préférence à l'achat des blés étrangers; ce qui produit une accumulation de nos propres blés invendus allant jusqu'à 95 millions d'hectolitres (2).

Et notre homme s'écrie : « Le stock, voilà l'ennemi! » Il a raison à son point de vue; car si les approvisionnements généraux faisaient défaut, des gens avisés et..... affameurs..... qui auraient conservé leur propre stock feraient de belles affaires aux dépens de l'estomac collectif.

Le commerce — lorsqu'il est libre — y met bon ordre; aussi le flétrit-on et veut-on lui opposer de nouvelles entraves. On insinue même que les droits de douane n'établissant pas la hausse aussi bien qu'en Allemagne, il en

(1) Selon M. Dehérain, la moyenne actuelle en France serait de 17 hectolitres à l'hectare.
(2) V. *Démocratie rurale*, 26 juillet, 16 et 23 août.

résulte pour nos agriculteurs « une perte de 200 millions
« de francs dont ils sont privés uniquement *pour faire*
« *gagner quelques millions à des spéculateurs qui ont*
« *accaparé les faveurs des pouvoirs publics* ».

On ne diffame pas avec plus de désinvolture que ne le
fait ce monsieur ! Heureusement qu'il ne nomme personne,
ce qui n'expose pas « l'agriculture souffrante » à en venir
aux mains avec ce coquin de commerce qui conspire avec
le gouvernement de M. Méline la ruine des producteurs
de blé !...

.

Quoiqu'on fasse, on trouve toujours quelqu'un de plus
protectionniste, de plus socialiste ou de plus ridicule que
soi ? Ne pensez vous pas comme moi que votre collègue
ressemble trop à ce paysan qui s'étonnait et se plaignait
de ce que, quand les pommes étaient chères, on n'en ré-
coltait pas, et que, lorsqu'elles étaient abondantes, on les
vendait pour rien ?

On a encouragé la production du blé au moyen d'un
droit de 7 francs par quintal ; donc, les cultivateurs, tout
naturellement, poussent à la quantité ; l'abondance fait
alors baisser le prix et annule partiellement l'effet de la
protection douanière. Mais la sécheresse ou les intempé-
ries réduisant une autre fois la récolte, les prix montent
fatalement, et c'est alors que l'importation, trouvant son
compte, passe la frontière et comble le déficit. Le *Trésor*,
soit national, soit d'un la Rocque quelconque, commence
à s'engraisser ; malheureusement il s'établit *ipso facto* un
cours de disette, et les pouvoirs publics,quel que soit leur
degré de maladresse... ou de perfidie, sont obligés de sus-
pendre ou de réduire, pendant un certain temps, l'effet
des droits dits protecteurs, qui menacent de devenir tout
à fait meurtriers.

* *
*

Il ne faut pas rompre les chiens et isoler la question du blé de celle de l'alimentation populaire ; c'est du pain qu'il s'agit ; en majorer *artificiellement* le prix est un acte criminel et quiconque ne veut ou ne peut le comprendre se montre simplement dénué de sens moral.

Avant l'établissement des droits, je me mis un jour à étudier, dans l'*Economiste français*, conjointement avec M. P. Leroy-Beaulieu, les moyens industriels de produire le pain en grand, à meilleur marché que la petite boulangerie ; d'autres publicistes nous aidèrent dans cette tâche, et beaucoup de sociétés coopératives, en France et au dehors, prouvèrent que nous avions visé juste. Comme toujours, les socialistes nous accusèrent de noirs desseins, et le pauvre Benoît Malon, s'adressant à ma personne, dans une colonne de l'*Intransigeant, déclara qu'il connaissait mon truc* !

Je pardonne à la mémoire de ce collectiviste érudit... et borné ; mais je me sens plus sévère pour un « agriculteur souffrant », chimiste sérieux, homme bien élevé et fanatique protectionniste (1), qui s'écriait naguère : « Et « les économistes qui ne s'occupent pas du pain !... » C'est un peu fort, n'est-ce pas ? Tout en voulant être poli et croire même à la bonne foi d'un adversaire, on ne peut s'empêcher de penser à l'individu qui vient de dévaliser une personne ou une boutique, et qui s'enfuit en criant au voleur, pour que la police change de piste.

* *
*

Je pourrais m'en tenir à ces citations caractéristiques ;

(1) M. Jules Séverin.

mais vous sachant un parfait honnête homme, je tiens à bien faire pénétrer dans votre conscience l'idée que les « souffrances de l'agriculture » sont avant tout l'expression de revendications égoïstes et cyniques, tendant à maintenir à un bon taux les revenus de cinq à six cent mille individus sur huit millions de propriétaires, aux dépens de 33 millions de mangeurs de pain et de viande et de beaucoup de buveurs de vin. (1)

Au surplus, voici le résumé des exactions demandées solennellement et avec instances au Parlement, par vos audacieux collègues :

A. Echelle mobile comportant un prix fixe de 30 francs par quintal de blé ; les droits s'établissant automatiquement par la différence en baisse sur ce cours.

B. Loi du *Cadenas* rendant impossibles ou ruineuses les opérations à terme.

C. Limite à trois mois du séjour, dans les entrepôts, des blés et farines, et taxe mensuelle ayant pour but d'obliger à une prompte réalisation.

D. Nouvelle et sévère réglementation des admissions temporaires.

E. Immixtion de l'Etat dans le mouvement du change et rétablissement effectif du bimétallisme, etc.

*
* *

Je ne vous parle pas aujourd'hui de la viande, du maïs, du riz ni de ce qui se rattache à la législation sucrière ; mais je vous fais remarquer que le prix *minimum* qu'on

---

(1) En Belgique, d'après M. L. Strauss, sur 910.000 exploitations agricoles, il n'y en a guère que 4.800 qui aient intérêt à la hausse de prix des céréales. (*Revue politique et parlementaire* 10 août 1896, p. 325.)

veut fixer aux blés, et sans doute, ensuite, à tous les produits du sol, est aussi peu réalisable, mais aussi brutalement malhonnête que le *maximum* décrété il y a plus d'un siècle par les terroristes.

La croyance en un prix de revient moyen, ou commun à tous, du quintal du blé, est une sorte de superstition voulue; quant à supposer que le change se décrète et qu'on peut maintenir longtemps, à l'argent-monnaie, une valeur double de celle de l'argent-lingot, c'est presque aussi raisonnable que de le demander pour le nickel, le cuivre ou le papier. A ce propos, on a prétendu que les pays exportateurs à étalon d'argent s'enrichissaient aux dépens de ceux qui n'employaient que l'or. Justement M. D. Zolla vient de donner à cette opinion, en ce qui concerne l'Inde anglaise, un démenti formel au moyen de documents et de calculs précis; il est probable que le savant agronome est à même de fournir des preuves analogues en ce qui concerne l'Argentine et la Russie (1).

*
* *

Partout, les artifices légaux causent de la gêne, diminuent l'activité et le bien-être et finissent par prouver leur inefficacité après avoir fait beaucoup de mal.

M. Gladstone, s'adressant il y a plusieurs années à un homme d'Etat italien, écrivait : « Le protectionnisme et le « militarisme s'unissent dans un mariage valide mais mal- « sain, et sont tous deux, dans ma conviction, les pires en- « nemis de la liberté. »

Victor Hugo disait, il y a quarante-huit ans : « Quand « les hommes mettent l'injustice dans les lois, celles-ci « finissent par se retourner contre eux. »

(1) V. *Monde Economique*, 5 septembre 1896.

Nous verrons bien. Mais je m'aperçois que je n'ai pas encore exposé suffisamment les *Souffrances de l'Agriculture* et les remèdes à leur apposer. Ce sera, si vous le voulez bien, ma tâche dans une troisième et dernière lettre.

3e LETTRE D'UN ÉCONOMISTE CLASSIQUE

A UN AGRICULTEUR SOUFFRANT

Les néo-Grecs, la sentimentalité et les ogres. — Le langage des véritables victimes. — Les compensateurs et les loups. — Chacun son métier. — Bonnes et mauvaises chances agricoles. — La charité obligatoire. — Les plaintes de Cérès, de Bacchus et de Mercure. — Le manque de bras. — Les octrois. — Les créances hypothécaires. — Le crédit agricole. — Les Chambres d'agriculture. — La quotité et la répartition. — Déplacer n'est pas réformer. — Les subventions actuelles. — L'impôt à la tire et l'égalité dans la protection. — L'assistance de tous par tous. — Une inquisition rationnelle. — 120 milliards de *bons*. — La création d'un nouvel *ordre*. — Un *lamento* et un *vocero*.

Dinard, le 24 septembre 1896.

Mon cher confrère,

A force d'entendre parler des souffrances de l'agriculture, je me laisse parfois aller à cette *sentimentalité* qu'apostrophait naguère un judicieux écrivain, en ces termes : « Quand tu te mets en travers de la route que tracent à « l'homme son savoir et sa raison, tu es une adversaire « bien dangereuse (1) ! »

(1) M. Albert Prieur, *Journal des Débats*, 20 aout 1896.

B.   3

Je tâche alors de me ressaisir et je réserve finalement ma compassion pour les innombrables victimes d'une poignée de spoliateurs - Grecs par le domicile — dont on peut dire qu'ils agissent au moyen des lois comme leurs pseudo-compatriotes au moyen des cartes.

N'étant pas révolutionnaire, je prêche la soumission aux lois, jusqu'à ce que l'expérience et de dures leçons aient amené leur abrogation ; mais je n'abdique jamais mon droit de sévère critique contre des législateurs capables d'*appauvrir la pauvreté* et de prouver que Tartufe peut être à la fois un faux dévot, un faux conservateur et un ogre !

L'élévation du prix du pain, qu'on s'efforce de rendre illimitée, est un crime, surtout un demi-siècle après l'abrogation des *corn-laws* en Angleterre ; les coupables ont manœuvré dans le même sens pour la viande, dont la plupart des Français ne consomment pas suffisamment, et l'on n'aura jamais de qualificatifs suffisants pour ces représentants du peuple, dont un traducteur libre de de l'Écriture disait un jour qu'ils déterrent la bourse dans le champ du potier !

Les pauvres gens ont le droit de constater que ces plagiaires d'Ugolin mangent leurs enfants pour leur conserver un père !

« Qu'est-ce que nous vous avons fait ? Pourraient-ils
« s'écrier. -- Qu'est-ce que nous vous devons, quels ser-
« vices nous avez vous rendus pour que vous veniez dimi-
« nuer nos rations en fouillant dans notre huche et dans
« notre marmite ?...

« Vous nous interdisez, — ça nous a été expliqué par
« un député honnête — (1) de nous nourrir substantiel-

_____

(1) M. G. Charles Roux, *Revue politique et parlementaire*, 10 mars 1896.

« lement à moins de vous payer, au préalable, 50 à 80 francs
« par bœuf; vous nous extorquez une rançon analogue
« sur le mouton et le porc en nous empêchant de les
« recevoir du dehors, et en prenant même des mesures
« pour en accélérer la corruption si nous sommes tentés
« de passer outre ! Que le diable vous emporte !... Nous
« voulons bien payer à l'Etat nos contributions directes et
« indirectes; mais nous ne vous avons rien promis et vous
« ne nous avez rien donné !... Les vraies souffrances de
« l'agriculture sont les nôtres; nous sommes de pauvres
« petits acheteurs et vous de gros vendeurs; c'est vous
« qui êtes des intermédiaires parasites et non les mar-
« chands, puisque ceux-ci luttent pour nous faire vivre à
« bon compte, lorsque vous vous efforcez de les en em
« pêcher (1). »

*
* *

Tel est le langage que tiennent quelques paysans ex-
ceptionnels ; mais il en est d'autres à qui les socialistes
militants suggèrent d'attribuer la responsabilité de leur
anémie aux « sales bourgeois », aux capitalistes et à divers
exploiteurs sociaux. C'est ainsi que vos alliés et conférés,
les « Agriculteurs de France » et les membres de certains
« Syndicats économiques agricoles » tendent à justifier
les diatribes des collectivistes et des anarchistes; seulement, étant moins ignorants moins indigents, et aussi perfides, ils sont beaucoup moins excusables.

Ce n'est pas pour vous que je parle, car vous ne péchez,
comme des milliers d'autres, que par irréflexion. Je me

(1) J'ajoute que deux des plus grands négociants de France,
retraités et s'occupant d'élevage, m'ont déclaré gagner ordinai-
rement environ 100 francs par bœuf engraissé chez eux. Ils ne
demandent aucune protection. L'un est propriétaire en Nor-
mandie, l'autre dans le Nord.

souviens donc à votre égard de ces paroles du second Alexandre Dumas : « Les opinions sont comme, des clous ; si l'on frappe dessus on les enfonce ! » C'est vrai pour les opinions raisonnées ; mais ce n'est pas applicable aux préjugés, dont un peu de lumière et de bonne volonté ont raison vis-à-vis de bons citoyens comme vous.

Ainsi, vous êtes trop clairvoyant pour admettre un instant que nos droits d'importation sont payés par le vendeur étranger ; si cet importateur en fait quelquefois l'avance, c'est tout le bout du monde, et il ne se risque que sur commande ferme, ou envoie ses denrées en entrepôt ; et *c'est bien nous, acheteurs et consommateurs, qui subissons les charges destinées à protéger l'agriculture nationale et les surcharges imaginées pour compenser l'excès de nos impôts !* On ne compense pas le choléra par la peste, et quand le loup prend les habits du berger, c'est toujours pour mieux étrangler les moutons.

*
* *

Qu'est-ce que la *protection* de nos vins contre ceux d'Espagne et d'Italie? Simplement un moyen d'empêcher l'individu de boire à sa soif et le négociant de faire les mélanges qui lui sont demandés. Il y a aussi, je le veux bien l'honnête intention d'indemniser les malheureux viticulteurs des ravages du phylloxera. Mais les maladies de la vigne sont comme celles de l'homme et des bêtes; est-ce donc aux frais de nos voisins que nous devons et pouvons faire venir le médecin et le vétérinaire? Il faut que chacun connaisse et subisse les chances de son métier.

Né dans un pays de vignobles, j'ai vu, il y a trente ans, mes compatriotes dans un état extraordinaire de prospérité; ils avaient presque tous un agréable logis, une petite carriole, du bien-être sous toutes les formes, et parfois on entendait, en passant, glapir le piano de la demoiselle.

Le malheur est venu ; on n'avait pas économisé, et ce n'est guère qu'une nouvelle génération qui répare les désastres passés. Prospères ou non, les paysans se sont toujours plaints, par tradition, par prudence, peut-être; est-on jamais sûr du lendemain? Depuis ma naissance, leur destinée s'est améliorée; ils ont connu de nouveaux besoins et les ont partiellement satisfaits, je ne les en blâme pas; mais comme ils n'ont pas de comptabilité, ils ont cru gagner moins, lorsque, tout simplement, ils dépensaient davantage. Aussi, lorsqu'on leur a dit que l'agriculture était souffrante en leur personne, ont-ils, sans trop hésiter, donné leurs voix à des candidats de bonne apparence qui leur promettaient une meilleure destinée et la diminution ou l'abolition de leurs impôts.

Mais promettre et tenir sont deux; ils finiront par s'en apercevoir.

Déjà, je vous l'ai fait observer, lorsque les récoltes sont abondantes, les droits de douane n'amènent guère la hausse, l'Etat s'en ressent par la dépression des recettes budgétaires; et plus on protégera, moins le fisc encaissera; c'est simple comme deux et deux font quatre.

Mais enfin, s'il y a crise.... me répondez-vous avec une angoisse à laquelle je ne suis pas insensible. S'il y a une crise, — ce qui n'est pas présentement le cas, — il faut la laisser passer, ainsi que cela arrive au commerce, à l'industrie, aux beaux-arts; chacun doit prévoir et se défendre; mais il n'est possible à personne de remplacer tout à fait la providence, surtout par la contrainte, en prenant aux uns pour donner aux autres. La charité doit être volontaire, spontanée et personnelle. La rendre obligatoire, c'est pêcher en eau trouble et légaliser le brigandage en fortifiant le faux paupérisme.

Rayons donc du catalogue agricole ce mot de crise, presque toujours mal appliqué, sauf en cas de cataclysmes locaux, d'épidémies ou de guerres généralisées. Et encore, dans ce dernier cas, les ressources étant taries, nous pouvons bien peu de chose les uns pour les autres.

Il y a, c'est incontestable, une évolution continue qui rend moins lucratif l'exercice de la plupart des professions; c'est l'inévitable *struggle for life*, et l'union pour la vie, c'est-à-dire l'association, qui est, ne l'oublions pas, la concurrence collective, peut en atténuer partiellement les effets sans les supprimer le moins du monde.

Il faut donc redoubler d'efforts intellectuels et musculaires, compter sur soi-même sans pour cela rudoyer autrui, et cesser de se lamenter sur des *souffrances* imaginaires ou réelles qui font partie de la destinée humaine.

Cérès et Bacchus ne sont d'ailleurs pas seuls à se plaindre; Mercure gémit presque aussi souvent; il n'y a pas de sots métiers; il n'y a que de sottes gens, des infirmes et des apathiques.

Je veux pourtant vous dire quelques mots, en glissant sans appuyer, sur certains remèdes imaginés pour réconforter les agriculteurs. On veut, par exemple, retenir aux champs les travailleurs attirés vers les villes. C'est plus que difficile. Voulez-vous, cependant, décréter *les travaux forcés agricoles?* Ce n'est pas tout simple, n'est-ce pas? Passons donc, et ne rééditons pas la comparaison un peu usée de l'agriculture qui manque de bras... comme la Vénus de Milo.

On réclame l'abolition des octrois ; c'est une grosse thèse au sujet de laquelle j'ai combattu mes savants amis, Yves Guyot et Léon Say ; on ne m'a pas prouvé que les agriculteurs payaient ces taxes. Comme celles qu'on applique aux frontières, elles sont subies par les consommateurs. Mais dans ce cas, totalement différent de la protection douanière, elles sont employées exclusivement au profit des citoyens qui les acquittent, et sont moins improportionnellement réparties qu'on ne le prétend. Sur ce terrain, je suis prêt à rompre des lances avec les plus énergiques combattants.

Les honorables politiciens qui, en ce moment, affectent de gouverner la France et tiennent surtout à satisfaire l'agriculture en « faisant quelque chose » pour elle — ou contre elle, sans s'en rendre compte, — proposent de taxer les créances hypothécaires. J'ai trouvé....., après beaucoup d'autres, que cela retomberait toujours, en fin de compte, sur l'emprunteur, et que d'ailleurs celui-ci n'est ni plus ni moins intéressant que le prêteur.

Les mêmes messieurs, pleins d'imagination, ayant souvent bavardé sur le crédit agricole, n'ont pas encore compris que si la liberté du prêt et du taux de l'intérêt est utile, elle ne saurait pratiquement conduire à imposer le crédit, personnel ou réel, à personne. Celui-ci peut fonctionner par la mutualité, ainsi qu'en Allemagne, en Autriche, en Italie, en Belgique, en Suisse et ailleurs ; mais que penser d'un conseil général, tel que celui de Carcassonne, émettant un vœu pour que la Banque « crédite « l'agriculture comme elle crédite les négociants et les « fabricants » ? Les banquiers acceptent les valeurs suffisamment garanties et la Banque les prend à son tour, à la condition que les signataires les acquittent à l'échéance, ce qui est peu dans les habitudes et dans les facultés des cultivateurs.

Si votre papier est douteux, on le refusera et aucune clameur n'en fera obtenir l'escompte.

Enfin, M. le président du conseil lui-même paraît être d'avis que l'on doit créer des *Chambres d'agriculture* à l'instar des Chambres de commerce. Je n'ai pas d'objections fondamentales à faire à ce projet ; mais je constate qu'il y a déjà de nombreux comités consultatifs, tels que votre fameuse *Société des Agriculteurs de France*, — dont j'espère bien vous voir sortir au premier jour ; — la *Société nationale d'agriculture*, autrement respectable et sérieuse que la vôtre ; un *Conseil supérieur d'agriculture*, remarquablement composé ; de très nombreux syndicats, que j'estimerais sans réserve, si le protectionnisme n'en avait fait, depuis quelques années, des auxiliaires et des dupes de sa néfaste propagande !... Que manque-t-il donc à la représentation agricole ? Elle possède au Parlement une majorité dévouée, que, par respect pour les institutions et pour les consciences, je ne qualifie pas de servile !

Que pourrait-on instituer de plus ou de mieux ? Si l'on crée des Chambres d'agriculture, il faudra leur attribuer, — tel est le projet, — dix centimes additionnels. C'est pour le coup que Jacques Bonhomme criera ! Reportera-t-on cette charge sur la propriété bâtie, sur les valeurs mobilières déjà grevées et menacées de nouveau ? Vous savez pourtant bien que la gratuité serait illusoire et qu'on ne ferait, une fois de plus, que découvrir Pierre pour couvrir Paul !

Si l'agriculture est décidément plus souffrante que les autres professions, — ce que je nie avec conviction — il faut s'en assurer par des moyens directs et précis..On a substitué, pour les immeubles urbains, l'impôt de *quotité* à la répartition ; qu'on en fasse autant pour la terre, et l'on pourra, suivant la formule juridique, témoigner d'une volonté ferme et constante de rendre à chacun ce qui lui est dû. Notre administration des contributions directes est parfaitement capable d'accomplir cette tâche. Quant aux contributions indirectes, il ne me semble pas impossible de savoir ce qu'elles rapportent en dehors des villes et d'en faire la division par la population rurale de chaque département. On ne verra pas tout ; on ne connaîtra pas toutes les fraudes ; mais on s'apercevra que Louis XI ne se trompait pas d'une façon absolue, en donnant la préférence aux campagnes pour les tailles et aux cités pour les aides.

*
* *

Là est donc la *réforme* qui se présente sous l'aspect le plus désirable ; j'y joins celle qui réduirait les droits d'enregistrement ; mais pour tenter cette dernière, ce n'est pas des déplacements d'impôts qu'il faut ; c'est des économies ; et la démocratie ne sait obtenir que des dépenses.

Alors, selon vous, me crie-t-on de toutes parts, il faut renoncer à protéger, refuser de croire à la souffrance des misérables, et mettre en pratique votre formule très simple, mais trop commode, *laisser faire, laisser passer* !...

C'est bien ce que je pense ; mais la question. à mon grand regret, ne se présente pas ainsi ; le terrain n'est pas net ; la législation de 1892 l'a encombré d'une multitude d'*impedimenta* qu'il n'est pas au pouvoir des économistes d'écarter d'un trait de plume. Mais il y a peut-être des moyens de revenir, par degrés, à un état moins chaotique, moins arbitraire et plus honnête.

Déjà, on a commencé à appliquer à certaines industries, dites agricoles, des remèdes francs et ridicules, dans le but de calmer *leurs souffrances* en les subventionnant. Tel est le cas pour la soie brute et pour le lin. On donne aux éleveurs de vers à soie 50 centimes par kilo de cocons; les paysans sont enchantés! Il est vrai que ceux qui dévident et filent ces cocons ne les achètent qu'après déduction de la prime; et qu'ensuite ils reçoivent, de leur côté, une nouvelle prime plus forte, que les acheteurs de grèges tâchent de se faire attribuer, en marchandant, comme c'est leur droit. C'est un travail de Pénélope; mais au moins il n'a rien d'occulte.

Je demande donc — en attendant la substitution de droits fiscaux modérés à l'*impôt à la tire* protectionniste, — que le système de la subvention soit généralisé. Que quiconque déclare ne pouvoir lutter contre la concurrence étrangère, soit après une minutieuse enquête, l'objet d'une inscription directe au Budget national. *L'égalité dans la protection*, ainsi présentée pourra être onéreuse et même chimérique; mais, en fait, elle sera logique et équitable. Les quémandeurs agricoles seront démunis d'une de leurs principales revendications: celle de la péréquation douanière. Supposons que cela double le budget? C'est un calcul à faire; *il n'y a qu'à consulter les intéressés ; bien peu, soyez en certain, se montreront désintéressés*. Tous recevront, mais tous paieront; le privilège disparaîtra. Il est bien entendu que les ouvriers, qui sont si bien organisés, additionneront la majoration de prix de toutes choses, et que la diminution relative de leurs salaires sera *compensée* par des subventions comme celles que recevront les entrepreneurs de tous genres.

Je fais à l'exécution de ce plan une légère réserve qui

me paraît indispensable ; pour obtenir la subvention, les postulants devront démontrer tout d'abord, d'une façon irréfutable, que leur industrie ne peut lutter contre celle des autres peuples ; c'est-à-dire que notre sol est plus stérile, que notre climat est trop sec ou trop humide, que nos inventeurs manquent de génie, que notre personnel est débile et maladroit et qu'il nous est impossible de gagner notre vie. Alors, le bureau national de bienfaisance devenu le suprême rouage social, nous attribuera le secours auquel nous pourrons avoir droit. Mais, pour que nous ne restions pas indéfiniment à la charge de la société, on nous forcera à fermer boutique ; nous serons des indigents, des assistés, et si nous ne savons nous suffire en France, on nous enverra assainir nos colonies lointaines. C'est pratique, ça ! Il est vrai que les agents du Trésor auront naturellement des droits de contrôle rigoureux sur nos faits et gestes, afin de déjouer toute tricherie de notre part ; mais après tout, ce ne sera pas pis, que l'inquisition pouvant résulter de la taxation, projetée sur le revenu global, par l'ex-ministère radical-socialiste.

On pourrait aussi suivre le conseil du *sublime* ouvrier, — collaborateur de mon ami, le socialiste chrétien, — qui demandait 72 milliards pour commanditer six millions d'ouvriers à raison de 12.000 francs pièce (1). Les agriculteurs étant plus modestes, on se contenterait de donner 6.000 francs à huit millions d'entre eux ; ci : 48 milliards qui avec les 72 autres, nous coûteraient 120 milliards en chiffres ronds, représentés par des *bons*..... dont je ne garantirais pas la solidité.

(1) Voir le *Monde Économique* du 5 septembre 1896.

* *

Mais je n'entends faire ici ni de l'hyperbole ni de la raillerie; je mets au même rang les agriculteurs plaintifs mendiants et protégés et les industriels du même caractère. Les uns et les autres médisent de la patrie et la diffament en proclamant son infériorité devant le marché universel; ils se prétendent nationaux et patriotes et nous humilient injustement devant l'étranger.

On les décore cependant, les uns de la Légion d'honneur, les autres du Mérite agricole. Malgré mes préventions anti-protectionnistes très franchement avouées, je veux croire que les hommes qui ont été les objets de ces distinctions les ont méritées par leurs capacités et par leur indépendance. Quant à ceux qui, sous prétexte de fausses souffrances, se font attribuer le bien d'autrui et pratiquent la mendicité légale et obligatoire, en inspirant le mépris des lois et en contribuant à donner des apparences de légitimité au socialisme; je demande pour eux la création d'un nouvel ordre également obligatoire, qui les fasse reconnaître partout: celui de la DÉGRADATION AGRICOLE, analogue aux médailles de cuivre que, dans la commune où j'écris, on astreint les gens qui recourent à la charité publique à porter sur la poitrine.

* *

Le *lamento* des « agriculteurs souffrants » n'est pas préférable au *vocero* des collectivistes et des anarchistes; les uns et les autres sont des convoiteux plus ou moins cyniques; il n'y a de réelle différence entre eux que dans la tenue et dans le ton de la chanson.

Recevez, mon cher confrère, l'assurance de mes meilleurs sentiments.

LETTRE

D'UN ÉCONOMISTE CLASSIQUE A UN PUBLICISTE MODÉRÉ

—

Un candidat honnête et modéré. — Faut-il faire quelque chose ? — Comment les libéraux se font battre. — La décentralisation devant l'impôt. — La prévoyance sociale. — Les bourreaux bien élevés. — Le véritable impôt proportionnel. — L'aurore de l'imprévoyance sociale. — Restera-t-il des riches ? — Le régime le plus onéreux. — La résistance et le mouvement. — Les subventions de l'État. — Les retranchements de quartiers. — La solution par le chaud et le froid. — Quel parti peut-on prendre ?

Bougival, le 30 juin 1896.

Monsieur et honoré confrère,

Vous êtes membre, depuis vingt ans, de la Société d'Économie politique, mais je ne crois pas vous y avoir jamais rencontré. Je ne vous connais pas, mais mes premiers rapports avec vous m'ont inspiré pour votre caractère une grande estime. En 1889, vous étiez candidat à la députation dans ma circonscription rurale ; votre circulaire me charma et je me hâtai d'envoyer ma modeste souscription à votre comité. Aux remerciements qu'on me fit je compris que le corps électoral avait marqué, comme d'habitude, de libéralisme financier. Vous fûtes battu par un honorable avocat, modéré aussi dans son genre et pour qui, quatre ans plus tard, sur le conseil de Léon Say, je votai afin de ne pas donner ma voix à un diplomate qui compromet sa profession dans une répugnante démagogie.

Chaque fois, je me trouvai dans la minorité et il est bien fâcheux que vous n'ayez pas adopté un autre arrondissement que le mien, car, depuis vingt-cinq ans, je suis un véritable *jettatore*.

Bien entendu la défaite ne vous diminua pas à mes yeux ; nous échangeâmes quelques mots de cordiale condoléance et je lus avec un vif plaisir plusieurs de vos ouvrages que je ne cesse de recommander à mes amis (1).

***

Maintenant je reçois de vous avec dédicace un joli petit volume intitulé : LE PARTI MODÉRÉ, CE QU'IL EST, CE QU'IL DEVRAIT ÊTRE (2). » Plein de confiance en vous, je l'ouvre avec l'espérance d'y trouver une ligne bien tracée pour le parti auquel j'appartiens depuis l'âge mûr. Tiens, voilà que nous ne nous entendons plus tout à fait ! Vous êtes certainement toujours modéré, mais vivant peut-être dans un milieu de politiciens, vous paraissez avoir gagné à leur contact l'*influenza* spéciale qui fait tant de ravages parmi eux : celle du *quelque chosisme* ! Vous vous en tirez d'ailleurs avec esprit et vous dites à un interlocuteur supposé : « Nous sommes d'accord sur ce qu'il ne faut pas faire ; « nous savons fort bien ce que nous ne voulons ni l'un ni

(1) *Le Paradoxe de l'égalité.* (Couronné par l'Académie française.)
Le Suffrage universel et le régime parlementaire.
Lettres d'un parlementaire.
(2) Par M. Jean-Paul Laffitte. Paris, Armand Colin et Cie, éditeurs.

« l'autre. C'est une politique négative. Trois modérés ne
« peuvent se mettre d'accord, tandis que trois radicaux
« s'entendent car ils savent où ils veulent aller et par
« quels chemins. »

Je vous réponds : « C'est possible, mais savent-ils où ils
arriveront et quelle culbute ils nous feront faire lorsqu'ils
nous auront poussés au bord du fossé ? Leur passé répond
de notre avenir si nous le leur abandonnons. » Là-dessus
pas de querelle entre nous, n'est-pas ? Mais vous dites
non sans raison encore : « La liberté est un instrument
que nos adversaires utilisent en agissant ; nous, modérés,
nous critiquons et ce n'est pas ainsi qu'on se fait entendre
du suffrage universel. Pour l'attirer à soi il faut *faire
quelque chose.*

*
* *

Sans doute, mais à aucun prix il ne faut employer les
armes de nos adversaires ! jeter de la poudre aux yeux du
peuple, l'assourdir à coups de grosse caisse et lui promettre toutes les lunes du firmament. Ce n'est pas tout
de rabâcher les mots de *progrès* et de *réformes* ; il faut
mettre quelque chose dedans et pas plus que moi vous
n'avez de goût pour le charlatanisme. Dans ce cas, je vous
le dis avec tristesse, vous ne pouvez être ni écouté ni entendu par le grand nombre, par la *démocratie,* car votre
langage est trop délicat pour cette clientèle.

C'est à tort, à mon avis, que vous semblez offrir comme
modèles aux libéraux de France, les conservateurs d'Angleterre et de Belgique. Le renversement des libéraux
dans ces deux pays a tenu très visiblement aux sottises,
aux maladresses, aux alliances inconsidérées qui ont
émaillé leur règne ; ils ont voulu faire trop de choses et
ont ainsi fatigué, énervé les gens paisibles. Les tories et
les catholiques subiront probablement le même sort en se

livrant, dans un autre sens, à des excès de changements, — actions ou réactions, — et en oubliant que ni le monde ni l'État n'ont été faits en un jour.

Républicain de naissance, ayant plus d'une fois risqué ma vie et compromis ma liberté et mes intérêts pour mes opinions, je suis arrivé à croire fermement que la République n'a jamais été déconsidérée ou perdue que par les républicains trop fervents, aujourd'hui radicaux, demain socialistes, après demain serviteurs d'un troisième despotisme.

Et si l'on m'accuse d'aimer trop le *statu quo*, je ne chercherai pas à me disculper ; je le préfère au désordre, à l'étourderie et à la routine, presque toujours réactionnaire, des émeutes transformées en révolutions, que la France subit et que Paris impose.

*
* *

Ici, d'ailleurs, nos vœux se rencontrent ; vous avez, sur la décentralisation régionale, des idées nettement libérales et si bien formulées que je serais fort honoré de les signer des deux mains.

La liberté d'association trouve également en vous un ferme champion. J'ai vu fonctionner celle-ci à l'étranger, et je n'ai pas remarqué les abus qui font frémir le législateur français. Chez nous, dites-vous, on renonce à l'usage par peur de dangers plus ou moins chimériques. J'ajoute, n'est-il pas honteux que nos jacobins soient terrifiés par des frocs, des soutanes et des cornettes ?... Ce sont là, en effet, les fantômes qui font subjectivement échec au droit commun. C'est lâche et bête ! en réalité, on affecte de craindre la mainmorte et l'agglomération du capital dans des mains qui ne meurent pas. Allons donc ; est-ce que par ces temps de fiscalité-morbus, des biens, quels qu'ils soient, échappent à l'impôt ? On a même renforcé, jusqu'à l'iniquité criante, l'abonnement qui remplace les droits de succession, et rien ne peut s'évader... à moins qu'on ne fasse des lois contraires à la nature des choses. Mais, au fait, qu'est-ce que vous entendez par « Réglementation du droit de posséder en ce qui touche les immeubles » ? Je ne vous cache pas que cette restriction m'est suspecte. L'État ne manque pas de garanties contre l'anonymat et il peut les renforcer, au besoin, pour donner sanction à toutes les responsabilités. Mais *Décentralisation, Association,* ce sont là besognes morales, non budgétaires, très différentes des petites questions au jour le jour. Les libéraux les peuvent traiter sans fracas, et surtout sans la prétention d'y intéresser beaucoup le suffrage universel qui, malheureusement, y est fort indifférent.

*
* *

Mais où nous commençons à ne plus nous entendre, mon cher confrère, c'est quand vous intitulez trois chapitres :

Les réformes nécessaires.
L'égalité devant l'impôt.
La prévoyance sociale.

Certes, il y aura toujours des *réformes nécessaires;* plus on voudra les accélérer, moins elles seront solides. Leur destin sera celui des palais improvisés pour les expositions universelles; au bout de dix ans on trouve que ce sont des baraques et l'on tient à les démolir.

L'égalité devant l'impôt ! Mais nous y sommes dans la mesure du possible, et sans renoncer à aucun perfectionnement, on est depuis longtemps obligé de reconnaître que les moins mauvais impôts (il n'en existe pas de bons), sont les plus anciens, parce que la répercussion s'en est lentement établie. Tout nouvel impôt frappe injustement les détenteurs actuels des biens ; ceux qui suivent les évitent dans les acquisitions nouvelles. La prétendue *progression à rebours* des impôts indirects est une vue superficielle, dont certains savants, tels que mes collaborateurs, MM. Maurice Block et Paul Leroy-Beaulieu ont fait depuis longtemps justice, sous certaines réserves, toutefois, car il s'agit là de science, de chiffres et non d'assertions *a priori* (1). Quant aux octrois, j'ai essayé moi-même, plus d'une fois de contredire les assertions hasardeuses qui les assimilaient au protectionnisme, et j'ai rencontré, au Sénat, de bons esprits qui m'approuvaient. M. Poubelle, ex-préfet de la Seine, était aussi de mon avis, et son adhésion m'a été précieuse, car c'est celle d'un juriste et d'un administrateur de grande expérience (2). Certes, je ne voudrais pas forcer la pensée de mes maîtres et amis de l'Académie des sciences morales et politiques et du Collège de France ; mais je n'aurais aucune peine, je crois, à leur faire déclarer qu'en présence des formidables budgets qui écrasent la France, il n'y a pas d'autres réformes fondamentales à tenter que la diminution des dépenses. C'est ce dont les partis au pouvoir semblent ne pas s'aviser ; ils se suivent et se ressemblent ; seulement les plus nouveaux, tout en faisant la même chose, veulent être moins brutaux. Ils me rappellent le récit d'un voyageur, témoin d'une exécution en Asie. Le bourreau prêt à empaler le condamné lui disait d'un ton engageant en lui montrant le pieu :

« J'ai mis du beurre au bout afin qu'il entre mieux ! »

(1 Le 5 juillet, M. Maurice Block doit traiter spécialement ce sujet dans la *Revue politique et parlementaire*. Armand Colin, éditeur, Paris.

(2) V. librairie Guillaumin, Paris. *Les Octrois*, etc., etc. Discussion à la Société d'économie politique. Ernest Brelay et Yves Guyot. — Paris, *Journal des Économistes*, juin 1886 et décembre 1891 ; Léon Say et Ernest Brelay.

*
* *

Permettez-moi d'affirmer une découverte économique, dont je ne suis pas le Christophe Colomb : *Le véritable impôt proportionnel est l'impôt réel*, atteignant les choses sans s'informer de qui les possède. L'impôt personnel aboutit fatalement à la progression, à l'abitraire, à la confiscation ; l'antiquité et l'ancien régime en sont morts ; il n'y a pas lieu de recommencer l'expérience.

Mais voilà que, je ne sais pourquoi, vous, libéral, vous vous prononcez contre la contribution mobilière, — qui fonctionne correctement et se prête d'ailleurs (Paris le prouve) à des dégrèvements gradués. Là, mon cher confrère, vous êtes égaré par le *quelque chosisme*, et vous n'avez peut-être pas assez remarqué que les abolitionnistes de cette vénérable contribution la rétablissent immédiatement et l'aggravent sous un autre nom.

Ainsi fut-on obligé jadis de restaurer les impôts indirects supprimés, sous le nom de *Droits réunis*, et de rétablir les perceptions municipales sous le titre d'*Octroi de bienfaisance*. Plus ça change... !

*
* *

Vous me trouvez querelleur, n'est-ce pas ? Il me le faut pardonner ; je ne peux me soumettre à aucun dogme.

Aussi quand vous chevauchez la *Prévoyance sociale*, je me hérisse encore plus. Là, vous allez jusqu'à critiquer les savants qui soumettent à l'arithmétique les tendres intentions de l'Etat. Mais que voulez-vous faire ? Promettre plus que vous ne pouvez tenir. Le gouvernement radical a fait voter comme ça 2 millions pour *amorcer* l'imprévoyance sociale. Certes, je ne voudrais pas faire empaler ces hommes qui ont tant corrompu les esprits et ont tant popularisé l'anarchie ; mais ils méritent de votre part autre chose que des circonstances atténuantes, et c'est au pilori du ridicule que vous devriez aider les gens respectables à les clouer.

La *prévoyance sociale* est une chimère ; on prévoit individuellement, et de virils citoyens, tout en s'entre-aidant, ne doivent compter que sur eux-mêmes.

Si l'Etat providence s'en mêle, il émousse les ressorts de nos meilleures impulsions ; nous ne sommes plus des familles où, réciproquement, les ascendants et les descendants comptent les uns sur les autres. Les indolents ont beau jeu ; le travail leur répugne, l'épargne les importune ; au diable les soucis ; l'Etat les pensionnera ! Où prendra-t-on les ressources ? Aux riches... si l'on en trouve ?

Mais sous la législation que vous rêvez, — sans la formuler d'ailleurs tout à fait, — les capitaux s'évaporent, parce que chez les vrais prévoyants, nombreux parmi nous, la fourmi continue à ne pas vouloir se laisser exploiter par la cigale. Certes, il y a des lacunes dans notre organisation d'assistance ; c'est un sujet plein de problèmes qui resteront éternellement sans solution complète. Avez-vous fait quelquefois cette réflexion qui m'a fort estomaqué la première fois qu'on l'a formulée devant moi ? « *La démocratie est le plus onéreux de tous les régimes, parce qu'on y veut faire le bonheur de tout le monde avec les ressources de tout le monde* » C'est bien là le cercle vicieux que parcourent incessamment le protectionnisme et le socialisme, deux têtes qui se mordent dans le même bonnet... Le dernier s'en tire en embrassant le collectivisme, l'expropriation générale sans indemnité ; enfin en renonçant aux conquêtes connues de la civilisation pour fonder une *Société* encore à l'état de fœtus, qu'attend l'inévitable avortement, même avec l'opération césarienne.

*
* *

Les libéraux, les modérés, les conservateurs ne doivent en rien se mêler de tout cela, si ce n'est à titre de *parti de la résistance contre celui du mouvement.*

J'entends, et vous aussi, la résistance éclairée contre le mouvement convulsif qui est celui auquel on nous convie. Le progrès s'accomplira tout de même, et nous nous y prêterons car nous ne sommes pas des bornes ; et vous-même, cher confrère, avant de suggérer d'employer les armes de nos antagonistes, avez émis les propositions les plus acceptables. Je reste fidèle à votre vieux drapeau, et j'espère qu'un jour vous serez encore mon candidat. Vous aurez toujours ma voix, parce que la souplesse et l'ingéniosité de votre intelligence me donnent la certitude que vos présentes velléités d'*interventionnisme* se seront dissipées au cours de nouvelles méditations financières.

Votre livre est utile à bien des titres ; je tiens à ce qu'on le lise, et c'est pour cela que je l'examine sous la forme d'une lettre ouverte. Je crois, d'ailleurs, que votre « manière » plaira beaucoup plus au public que la mienne. Vous captez le lecteur, et vous le prenez, avec succès, aux entrailles ; or, on sait que les économistes n'en ont pas, et c'est ce qui m'oblige à les défendre en ayant l'air de vous critiquer.

*
* *

Je crois utile que tout le monde voie ce que vous proposez et je ne le dis pas tout à fait, afin de provoquer, si j'en suis capable, beaucoup de curiosité, suivie de quelque irritation contre moi. Mais puisque je me place maintenant sur un terrain défensif, laissez-moi vous dire qu'il faut abandonner aux radicaux socialistes un argument qui n'enrichit pas votre démonstration. Selon vous, l'Etat, puisqu'il subventionne des théâtres de déclamation, de musique, de danse ; puisqu'il dote et administre des écoles, des bibliothèques, des musées, etc., etc. (vous oubliez ce qu'il fait pour la marine marchande, la soie, le lin, etc., etc.) pourrait bien trouver le moyen de faire largesse à la *Prévoyance sociale* sous forme d'allocations budgétaires dont le montant (selon moi) atteindrait bien vite des milliards. Vous n'inscrivez pas de chiffres et vous avez raison ; de tels calculs sont ennuyeux et décourageants. Hélas, je les ai faits !... C'est curieux et inquiétant comme de suivre des torches enflammées qu'on jette au fond d'un gouffre ! Voyez donc seulement où l'on nous mène en centralisant en rentes les fonds de l'épargne ; de telle sorte qu'en faisant baisser mécaniquement, à outrance, le loyer des capitaux, on tarit les ressources de la prévoyance — non sociale, mais individuelle — et qu'après les retranchements de quartiers appelés *conversions*, l'Etat arrive à des retranchements d'intérêts sur des dépôts qu'il a empêché de placer ailleurs.

Nous, libéraux, ne demandons rien de nouveau à l'Etat ; il n'a déjà que trop d'attributions, et nous n'aspirons qu'à les réduire. Les radicaux-socialistes veulent tout mettre entre ses mains sans avoir cure des expériences désastreuses du passé. Que leur importe, *pourvu qu'ils fassent quelque chose ?* De la mesure, il ne faut leur en demander en rien ; peut-être sont-ils fatalistes. Ce qui les intéresse, c'est le résultat immédiat ; ils n'ont pas besoin de voir plus loin. J'ai connu une gouvernante anglaise qui représentait assez bien leur méthode. Au moment où elle allait baigner l'enfant, sa maîtresse lui recommandait d'employer le thermomètre. C'est inutile, Madame, répon-

dait l'excellente fille, quand je mets le petit dans l'eau, si
elle est trop froide, il devient bleu ; si elle est trop chaude
il devient rouge ; comme ça, je sais tout de suite ce que
j'ai à faire. Et bien ! au risque de vous sembler pédant,
j'affirme que les modérés ne doivent ni refroidir ni brûler
personne ; ils n'ont, pour le moment, qu'une chose à
faire : se fortifier des études économiques dont ils semblent avoir encore grand besoin.

Recevez, etc...

LETTRE D'UN ÉCONOMISTE CLASSIQUE

A UN DÉMAGOGUE AGRAIRE

La guérison d'un économiste. — L'application de la science aux affaires. — Caricature ou portrait. — Les rétrogrades domestiqués. — La méthode classique. - Les arrêts de Ma'thus. — Libre critique et entente cordiale. — Un académicien trop déguisé. — Le remplacement de Léon Say. — Un démagogue agraire et un féroce individualiste. — *Struggle for Life* et union pour la vie. — Une victoire de la démocratie rurale. — Le danger des mouvements de terre. — Les agriculteurs en chambre et les dévalisés par persuasion. — Les produits et les services. — Les projets de pacte de famine. — La méthode *interventionnis'e*. — Comment Pasteur a propagé la rage. — Le moyen de rentrer au bercail.

Bougival, 7 juillet 1896.

Mon cher confrère,

Dans votre utile *Revue* du 27 juin, vous me prenez spirituellement à partie et me supposez malade à cause d'un désaccord imaginaire existant entre moi et un savant de premier ordre, dont je suis le collaborateur fidèle depuis plus de dix-huit ans.

J'ai été, en effet, gravement atteint, à deux reprises, par des assauts d'une bronchite chronique ; mais votre article m'a été très agréable ; je ne l'ai pas trouvé foncièrement méchant ; j'en ai ri de bon cœur et il a contribué à fortifier ma santé. Notre amitié de trente ans est fondée sur de bons souvenirs, une mutuelle estime, et une indépendance dont je suis heureux de vous voir me donner de nouvelles preuves.

Loyalement, vous citez des paroles que j'ai souvent prononcées ou écrites ; les voici : « L'économiste ne fait « pas les lois naturelles sur lesquelles s'appuie sa science ; « il les observe comme l'astronome étudie les corps cé- « lestes, sans avoir la prétention de les inventer ni de les « diriger. »

Cela ne veut pas dire, comme vous le supposez, qu'on puisse s'en désintéresser, et je suis d'accord avec le maître illustre dont vous parlez, lorsqu'il dit que l'économie politique — lorsqu'on la connaît — n'est pas sans comporter quelque ressource pour la conduite des affaires publiques et privées. Rien de plus vrai, car c'est bien l'observation des lois économiques qui fait, depuis un demi siècle, la prospérité industrielle, commerciale et financière de l'Angleterre : tandis que leur transgression depuis 1892 tend à affaiblir la France en l'obligeant à vivre beaucoup trop sur elle même.

Je ne sais pas pourquoi vous rudoyez ceux qui, comme votre vieux confrère, sont fidèles, — sans servilité d'ailleurs, — au doctrines des maîtres anciens ou nouveaux. Vous allez jusqu'à prétendre que nous nous qualifions orgueilleusement « d'o thodoxes ». Rien n'est plus contraire à nos idées et à no re langage ; ce sont nos détracteurs seuls qui nous affublen de cette épithète et je m'étonne qu'un homme de votre c irvoyance prenne ainsi la caricature pour un portrait fi le.

*
* *

Votre but principal e. écrivant l'article intitulé *La République économique*, a ét de faire l'éloge chaleureux d'un ouvrage considérable (1) et de mettre son auteur en opposition avec les « rétrogrades domestiqués de la vieille école. » Ces mots, mon ami, ne sont pas parlementaires, et l'on pouvait mieux attendre de votre courtoisie ; mais ce qu'il y a d'amusant, c'est qu'ils passent par dessus notre tête et vont frapper surtout des professeurs et des écrivains dont la frontière nous sépare. Puisque vous citez la préface de l'auteur que nous admirons tous deux pour des motifs différents, comment n'avez-vous pas compris qu'il s'agissait, avant tout, des socialistes de la chaire, qui professent en Allemagne, et qui, malheureusement, ont trouvé des imitateurs dans notre pays ? Je pourrais vous nommer ceux-ci, mais nous ne voulons pas faire de personnalités. Ils ratiocinent à l'école et a l'église, invoquent le dieu État et ses saints et demandent justement le contraire de ce que veulent les économistes *classiques*. Retenez bien ce mot puisque vous avez fait vos classes et avez appartenu à l'enseignement. On apprend d'abord et l'on s'affranchit ensuite s'il y a lieu.

* *

Vous ne paraissez pas savoir que, parmi les économistes, sans condamner Malthus, qui a fourni des observations profondes, dictées en son temps par des faits réels, on se livre depuis longtemps à des controverses pénétrantes, et l'on prouve ainsi qu'on n'est asservi à aucun dogme. J'ai la franchise de vous avouer qu'il y a près d'un demi-siècle, j'ai chanté en chœur avec d'autres jeunes gens mal informés :

> Enfants des écoles de France,
> Gais volontaires du progrès,
> Suivons le peuple et sa science ;
> Sifflons Malthus et ses arrêts !

(1) Traité théorique et pratique d'économie politique, par M. Paul Leroy-Beaulieu. Paris, Guillaumin et Cie.

Oui, nous sifflions de confiance, d'après Proudhon qui avouait n'avoir pas lu l'*Essai sur le principe de la population*. Depuis, mieux informé, je me suis incliné devant l'œuvre de l'homme de bien, en fournissant d'ailleurs à la patrie le nombre d'enfants que je pouvais nourrir. Je reste admirateur de Malthus, mais cela n'empêche ni moi, ni personne, de goûter les très ingénieuses remarques du troisième vice-président de la Société d'Economie politique, dont une élection qui m'honore infiniment m'a fait hier le collègue, sans que je me croie son égal.

⁎

Quant à Ricardo et à Stuart Mill, la théorie de la rente du premier est contestée depuis longtemps par les économistes classiques et le second, à la fin de sa carrière, s'est livré à de tels écarts que les socialistes, en Angleterre surtout, lui ont emprunté un véritable arsenal de polémique révolutionnaire. Nous avons donc tous exercé notre libre critique et il n'est pas juste de nous considérer comme des gens asservis à des textes « et voyant se reproduire devant eux des phénomènes réels avec la sérénité de la vache qui voit passer un train » (*sic*).

Il est donc tout à fait inutile de chercher à nous consoler du chagrin d'être méconnus ; depuis longtemps nous sommes fixés sur la qualité des brocards qui nous visent sans nous atteindre. En règle générale, ils proviennent exclusivement de personnes qui ignorent ce que, pour ma part, j'ai mis vingt-cinq ans à apprendre et ce que j'apprends tous jours. C'est donc avec une forte conviction que j'affirme votre erreur lorsque vous supposez l'auteur du *Traité théorique et pratique d'économie politique* en désaccord avec les membres de la Société qu'il est appelé à présider. Il y a entre lui et eux des liens de confiance et de cordialité qui ne se relâcheront pas. Quant à moi, je n'ai jamais senti ma liberté d'écrire dans son journal entravée par lui. Il ne m'a fait qu'une critique au début de nos rapports, celle d'avoir le style trop libre et trop jeune. C'est un défaut qui a pu être réel ; mais je travaille depuis soixante-dix ans à m'en corriger ; il ne faut pas désespérer de mon avenir.

Ainsi, dans votre feu d'artifice littéraire du 27 juin, vous vous êtes trompé sur les intentions de notre grand confrère et ami ; vous avez joué vis-à-vis de lui le rôle de Dubois vis-à-vis du Régent dans un bal masqué où le cardinal gourmait son maître par derrière et le forçait à s'écrier : « Tu me déguises trop !... »

.·.

Puis, pourquoi avoir l'air de croire que, Léon Say mort et remplacé par M. Levasseur, il n'y a plus d'hommes de valeur à la tête de la Société d'Economie politique ? Est-ce que MM. G. de Molinari, Frédéric Passy et Clément Juglar sont de si petits personnage que leur obscurité vous donne le droit — dont vous usez surabondamment — de les considérer et de les traiter comme des sacristains de notre petite église ? Vous devriez me réserver cette épithète, car il n'y a que la vérité qui offense, et si je vous envoie des témoins ce sera simplement pour que nous déjeunions en bonne compagnie.

.·.

Mais, au fait, je viens de me placer sur le terrain défensif, ou plutôt, d'y remettre en bonne posture l'écrivain que vous glorifiez aux dépens d'hommes qu'il respecte certainement autant que je le fais moi-même et qui sont ses confrères à l'Institut. Laissons ces propos que l'improvisation un peu fougueuse vous a fait tenir ; vous êtes un des élèves les plus distingués de Girardin, et vous aimez comme lui à ferrailler de la plume ; d'ailleurs vous avez été zouave ; j'ai un peu appartenu à l'artillerie ; vous trouverez donc naturel qu'après avoir paré je riposte.

Mon terrible ami Yves Guyot, qui n'aime pas les réticences, vous a qualifié de « démagogue agraire ». Cela démontre qu'ainsi que moi, il vous a beaucoup lu. Nous ne saurions mieux vous prouver notre considération ; car, ni l'un ni l'autre nous ne consacrons notre temps aux élucubrations des premiers grimauds venus. Il y a plusieurs années que je vous ai qualifié publiquement d'écrivain habile et redoutable ; je ne m'en dédis pas, j'ajoute que depuis vous avez réussi à faire beaucoup de mal. Vous trouvez féroce l'auteur de *La Morale de la concurrence* ; ne l'avez-vous donc pas compris ? Pour moi, depuis les *Petits pamphlets et les sophismes économiques* de Bastiat, aucun opuscule ne m'a fait autant de plaisir que cette brochure. Mais Yves Guyot avait sans doute oublié que vous avez, sous le titre d'*Union pour la vie*, aboli la *struggle for life*. Cela fait bon effet vis-à-vis des gens superficiels ; mais pourquoi vous battre contre des moulins à vent, et ne savez vous pas que, tout en reconnaissant l'indispensable utilité de la concurrence, les économistes sont unanimes à recommander l'union, c'est-à-dire l'association, dont ils veulent pratiquement étendre les limites, sans croire que l'usage de ce droit puisse aboutir au collectivisme ?

*
* *

C'est moi, je l'avoue, qui ai, le premier, dénoncé votre *démagogie agraire* : l'épithète peut vous déplaire, mais vous ne contesterez pas l'exactitude de vos paroles dix fois imprimées :

« Hardi, les gas ! Vous pouvez obtenir tout ce que vous

« demandez. Levez-vous et votez ; vous êtes le nombre, et
« par conséquent le droit ! C'est le nombre qui fait la
« force, etc, etc. » Eh bien ! quelles étaient les revendications que vous formuliez pour le compte de la *Démocratie
rurale* ? La protection douanière, bien entendu, mais
surtout la suppression totale du principal de l'impôt foncier.
Il était jadis de 118 millions ; vos efforts ont déjà arraché
plus de 15 millions aux pouvoirs publics ; votre ténacité,
aidée de la crainte de l'électeur, vous permettra probablement d'obtenir les derniers 103 millions.

Glorieuse victoire, qui consiste à soulager les uns en
écrasant les autres ; car vous savez bien qu'en matière
fiscale — surtout dans la présente situation, — on ne peut
supprimer que ce que l'on remplace ! Votre langage est
plus clair que celui des socialistes de la rue ; ceux-ci ne
savent se faire entendre que de la population urbaine ; les
paysans s'en méfient ; mais vous avez trouvé la formule
simple qui leur convient, et vienne une Jacquerie, vous
pourrez la commander avec un bâton de maréchal.

Voilà votre meilleur titre bien établi ; il n'est pas économique, oh ! non, mais il est aussi démagogique que
possible.

Avant de commencer cette campagne, — il y a bien
longtemps déjà, — vous m'avez dit mystérieusement, un
soir, sans vous expliquer : « Vous allez voir comme je vais
remuer la terre ! » En effet, vous en avez énormément
remué. Mais vous avez oublié que de tels mouvements du
sol produisent souvent, pour ceux qui les opèrent, des
accès mortels de fièvre pernicieuse. Avez-vous suffisamment de quinine à votre disposition ?

**

Ce n'est pas tout ; en guerroyant souvent, je ne sais pourquoi contre M. Méline, vous vous êtes affilié à une grande

société — celle des *Agriculteurs de France* — peuplée d'hommes distingués et parfois savants : mais qui ignorent volontairement « la morale de la concurrence », et ne cessent de demander....., et d'obtenir qu'on oppose des obstacles à la consommation populaire.

Vous approuvez que le législateur laisse payer à 38 millions de personnes le pain et la viande plus cher qu'ils ne valent, au profit, non de l'Etat, mais de quelques centaines de mille cultivateurs en chambre. Je vous défie bien de trouver un économiste classique, — orthodoxe, si vous voulez, — qui approuve ces extorsions. Pour les admettre il n'y a que des gens aveuglés par l'intérêt personnel, ou que des naïfs, dévalisés par persuasion et dénués de sens juridique. Mais quel souffle a passé sur vous, homme sincèrement religieux, pour que le Décalogue vous soit sorti de la tête ?

Faut-il dire désormais :

> « Le bien d'autrui tu ne prendras,
> « Sauf autre avis du Parlement !... »

Ça peut mener loin ! En tout cas, vous justifiez tacitement ainsi les revendications ouvrières ; les privilèges s'enfantent et s'enchaînent mutuellement ; le protectionnisme et le socialisme seraient identiques s'ils pouvaient tout à fait réaliser leurs desiderata. Mais comment procéder ? Le premier veut faire vivre quelques-uns aux dépens de tous les autres ; le second, plus chimérique, veut dépouiller la minorité pour égaliser les conditions. Des deux côtés on aboutit à un brigandage ; la loi peut le tolérer et l'édicter, mais elle n'a pas le pouvoir de l'absoudre devant les consciences éclairées.

***

Enfin, contrairement aux économistes, vous méconnaissez la nature des *services* et vous semblez ne voir dans les transactions que les produits ; comme si l'on pouvait, en ce monde, se passer d'intermédiaires.

De là, naturellement, une puérile hostilité envers le commerce, traité en parasite et considéré presque comme taillable à merci et miséricorde. C'est contre lui, contre la *spéculation* la plus légitime, que vous vous joignez aux ingénieux bonshommes qui veulent le garrotter, l'affubler du cadenas, des surtaxes subites, et renouveler des manœuvres qui pourront, cette fois, justifier contre leurs fauteurs l'accusation de *pacte de famine*, que la badauderie historique a infligée à l'ancien régime.

Rassurez-vous ; je vous sais galant homme et incapable de noirs desseins ; je n'accuse en fait qu'un préjugé, qu'une méthode dont vous êtes dupe, et qui s'appelle l'*interventionnisme*.

Si, après vous être beaucoup recueilli, vous voulez abandonner cela — et vous avez assez de souplesse pour le faire, — vous trouverez plus que jamais, parmi nos confrères et maîtres, l'accueil amical dû au talent financier dont vous avez donné tant de preuves. Vous regretterez alors d'avoir écrit ces paroles profondément injustes : « En même temps que, par son individualisme sans « entrailles, l'école économique classique aura con-« tribué à l'éclosion du socialo-collectivisme, en ensei-« gnant au libre esprit gaulois la soumission aveugle à une « formule, etc., etc. »

Autant dire que le médecin crée la maladie qu'il s'efforce de guérir et que Pasteur a propagé la rage !...

,

Mais j'ai confiance en votre esprit laborieux et chercheur ; je crois que — si je vis — nous combattrons un jour sous la même bannière. Vous n'êtes qu'une brebis égarée qui pourra rentrer au bercail. Pourquoi pas ? Ne vient-on pas de célébrer à Londres une sorte de jubilé, rappelant la conversion de Robert Peel au libéralisme économique.

Je m'arrête en songeant, à propos de vous, à un mot de Courcelle-Seneuil. Il analysait un jour l'ouvrage important et consciencieux d'un de nos bons amis communs. Il en faisait tout le temps un éloge sincère mais avec quelques réserves ; puis il terminait en disant à l'auteur : « Il ne « vous manque plus qu'une chose ; étudiez l'économie po- « litique..... »

Recevez, etc.

LETTRE D'UN ÉCONOMISTE CLASSIQUE

A UN SOCIALISTE CHRÉTIEN

—

La meilleure des religions. — La coopération et le socialisme.
— Le produit intégral du travail. — Les Chevaliers du travail. — Le *Cri du Peuple* et la participation. — Exploiteurs
et exploités. — Les théologiens radicaux et le capital. — La
défaite des lois économiques. — L'engrenage socialiste et
l'anarchie. — Le danger du premier mouvement. — Les entrailles des économistes.

Dinard, le 31 août 1896.

Mon cher ami,

Si je m'adresse à vous aujourd'hui sous la forme d'une
lettre ouverte, c'est parce que vous représentez, à mes
yeux, le type le plus pur, le plus désintéressé, le plus sincère des socialistes chrétiens ; je vous aime de tout mon
cœur, et je suis certain que votre noble intelligence —
un peu troublée par la sentimentalité — demeure ouverte
à toutes les bonnes raisons qui pourront la faire évoluer.

Bien entendu, je ne parlerai pas de votre religion ; c'est
celle que mes propres parents m'ont donnée dès mon ber-
ceau, et nous serons probablement d'accord sur ce fait,
que la meilleure de toutes — sans en désigner aucune —
est celle qui contient la plus grande somme possible de
préceptes moraux applicables à la conduite de la vie.

Mon maître et ami, M. Maurice Block, publie, en ce moment, un « Petit Dictionnaire politique et social » où je trouve, à l'article *Socialisme chrétien*, ces paroles :

« La religion n'a qu'un but : nous préparer à la jouis-
« sance de la vie future par l'exercice de la vertu sur la
« terre » (1). Cette définition me semble irréprochable, et si l'on veut s'y tenir, on évitera toute confusion dangereuse entre la subjectivité vague et la science plus ou moins exacte.

⁎

Vous m'avez fait remarquer, avec raison, que les fondateurs des sociétés coopératives britanniques étaient des socialistes chrétiens; je vous en ai donné acte, et vous ai exprimé mon respect pour leur mémoire, tout en faisant d'expresses réserves à propos de leur socialisme. Celui-ci, d'ailleurs, il y a plus d'un demi-siècle, était, pour ainsi dire, avant la lettre, et représentait surtout une des formes variées de la philanthropie.

Vous avez voulu continuer leur tradition en France, et à cette tâche vous avez mis toute votre activité, toute votre âme; vous représentez mieux que personne le principe ou l'*expédient* de la coopération, et si la forme la plus acceptable, la moins maladroite de ce genre d'association se développe dans notre pays, c'est à vous surtout qu'il faut en attribuer le mérite. Vous avez fondé, pour propager cette institution, un recueil mensuel bien rédigé et assez abondant en faits. Son but étant d'*émanciper* le prolétariat, vous lui avez donné un sous-titre socialiste. Malgré cette regrettable étiquette, j'ai accepté d'être votre collaborateur, et je me suis promptement aperçu

____

(1) Un volume, Perrin et Cie, éditeurs, Paris.

que mes collègues parlaient une autre langue que la mienne. Je tentai d'accréditer quelques formules de la science économique, et j'eus, dans votre entourage, un succès négatif qui me fit tristement sourire. Quarante ans après Proudhon, on écrivit dans votre journal que « l'ouvrier ne reçoit pas le produit intégral de son travail ». J'essayai de réfuter ce sophisme ; mais au lieu de m'opposer quelque chose de positif, on chargea un professeur de Cambridge — très bon musicien — de me répéter dogmatiquement la même assertion, sans tenter de la justifier. On réussit donc à m'assommer, mais non à me convaincre.

*
* *

Plus tard, vos rédacteurs se mirent à chanter les louanges d'une association américaine, célèbre par les désordres qu'elle a soulevés et par le sang qu'elle a fait répandre. Étonné, je voulus éclairer vos lecteurs ; mais mon premier article produisit, autour de vous, l'effet d'un obus éclatant dans un magasin de faïences. Quant au second article, il provoqua, avant l'impression, un tel scandale, qu'on vous somma de me le rendre. J'eus alors envie de m'écrier comme Jean Huss : *Sancta simplicitas!...* Mais je me bornai à publier ailleurs mon étude ; et mon savant et regretté ami, Claudio Jannet, revenant d'Amérique, me dit que rien de plus juste et de plus vrai n'avait été dit sur les *Chevaliers du travail* (1).

*
* *

Claudio Jannet était, cependant, un fameux chrétien ! Au bout de quelque temps de ce régime, votre petite revue

(1) V. Brochure de ce titre. Guillaumin et Cie, éditeurs, Paris.

était devenue le rendez-vous de tous les hardis compères — chrétiens ou non — qui socialisaient à l'envi et vous compromettaient au delà de toute mesure. C'est alors que sans vous fâcher, et dans l'intimité, je qualifiai votre journal de « Cri du peuple » en mémoire d'un communard lettré. Dame! j'y lus un jour des articles signés d'un loustic qui demandait à l'Etat 72 milliards pour commanditer six millions d'ouvriers (1)!

Ces extravagances vous firent évidemment réfléchir. Votre christianisme social ne diminua pas ; mais votre rédaction fut en quelque sorte ventilée ; on n'y connut plus guère que des écrivains respectables et convaincus, et, au lieu de vous dire crânement socialiste comme autrefois, vous vous êtes borné, depuis, à un programme d'*études sociales* ne suggérant plus que la discussion paisible. A vrai dire vous n'avez guère conservé, en dehors de la coopération, qu'un article dans votre programme : c'est celui de la *participation*, sur lequel, depuis vingt ans, on ne dit rien de nouveau, parce que son distingué promoteur répète toujours la même chose et n'a cure d'aucune objection. Sans vous, sans quelques écrivains candides et deux ou trois hannetons parlementaires, il ne serait pas plus question de ce parlage anodin que des vieilles lunes.

.﹒.

Pourtant, il surnage quelque chose de mauvais de ce naufrage incomplet d'une obscure utopie; c'est la critique mal fondée ou l'ignorance voulue — par d'autres que vous — de la salutaire loi du salaire ; et il en résulte que, dans

(1) Cet individu fut envoyé à Berlin, auprès de l'empereur Guillaume, pour résoudre la question sociale, avec Jules Simon, Burdeau et d'autres hommes distingués.

B.   6

un article récent, vous avez tenu honnêtement quelques propos anarchiques : « Les coopérateurs, — dites-vous, — « désirent que, dans l'avenir, il n'y ait plus d'hommes qui « exploitent d'autres hommes en leur enlevant une part « trop grande du fruit de leur travail. »

Précisez, mon ami ; citez des faits ; car vous ne voudriez pas diffamer des innocents. Vous donnez, d'ailleurs, aux *employés* comme aux *employeurs* d'excellents conseils, tels que tous les braves gens les doivent formuler ; et vous vous efforcez de tenir la balance égale entre ceux qui offrent du travail et ceux qui en demandent. Vous blâmez des excès dont tout le monde a été témoin et vous vous écriez : « Folie d'un côté, égoïsme de l'autre ! »

Vous vous trompez ; il y a seulement un malentendu et un mirage. Cela s'appelle l'antagonisme du capital et du travail ; c'est un combat d'abstractions dont les hommes sont victimes, et qui est entretenu par les coquins pour duper les pauvres d'esprit.

Le capital et le travail ne font qu'un, le premier étant la substance du second ; et on ne les sépare qu'imaginairement pour faire croire à l'*exploitation de l'homme par l'homme*. On vous a dit que le contrat du travail était léonin contre une des deux parties, et comme vous connaissez mieux l'Évangile que l'industrie, vous êtes tombé dans ce piège dont vous ne pouvez vous dépêtrer. C'est là ce qui vous fait dire avec une parfaite bonne foi : « Combien a d'employeurs, après des années de prospérité, pour « quelques mois de crise, ferment leurs ateliers et aban- « donnent leurs ouvriers ! » Oui, combien ?... Mais aucun ; à moins que cette suspension ne cause formellement leur ruine ; auquel cas il est lugubrement comique d'exiger d'eux une reprise équivalente à un suicide.

Une usine qui ne « tourne » pas pendant une période un peu longue fait des pertes incalculables. Si les manœuvres des brouillons menacent ses possesseurs de nouvelles interruptions, il faut qu'elle liquide l'instabilité étant pour elle une maladie presque incura...e. Alors ses machines se réalisent, très souvent au poid. du simple métal; et je peux vous citer des fabriques presq.. neuves, ayant coûté un million et demi, qui se sont v ndues le dixième de cette somme.

*
* *

La religion dit aux croyants : Fais à autrui ce q.. tu voudrais qu'on te fît; mais elle ne saurait dire : Mets-toi dans la misère pour faire plaisir à une poignée d ..-vieux.

C'est pourquoi lorsque je vois, en Angleterre et ailleurs des théologiens se prononcer dans l'ordre temporel, j'ai envie de m'écrier, parlant au révérend Jack Bragg comme le ferait un grossier citoyen de Whitechapel : « *Shut your potatoe trap!...* » et je me tiens à quatre pour ne pas manquer de respect à des prélats tels que feu Manning, Mgrs Ireland et Gibbons; des abbés tels que MM. Lemire, Garnier et Charbonnel, en leur disant trop rudement : « Allez chanter la messe, et mêlez-vous de ce qui vous regarde!.. »

Vous vous rappelez sans doute que le révéré Manning, brouillon incohérent, et qui prétendait avoir été rendu radical par Moïse, intervint, en septembre 1889, dans la grève des ouvriers des docks, en compagnie de Tom Mann, et d'autres vulgaires agitateurs appartenant à l'*Independent labour party*. Il contribua à apaiser le conflit et à régler si bien le litige des salaires, que les compagnies intéressées furent amenées à laisser de côté tous les *unskilled labourers*, qui gagnaient chez elles de quoi ne pas mourir de faim, et à ne plus employer que des ouvriers d'élite très bien payés.

Cet imposant personnage avait des paroles comme celles-ci : « *Capital is quite capable of looking after itself; labour* « *has as yet, but few backers and friends. The more i think* « *the more i am on the side of labour* (1). Les salaires ne « doivent être qu'une représentation minima des droits « au produit, c'est-à-dire au bénéfice. Le travail et l'habi-« leté sont du capital aussi bien que l'or et l'argent. Le « capital n'est que du travail mort. La doctrine du *laisser* « *faire, laisser passer* n'est qu'une barbarie, etc., etc.* » J'ai achevé ces citations en français pour mes lecteurs ; mais vous voyez à quoi elles tendent : à votre chère *participation*, dernière ressource du socialisme chrétien et modéré. Ce radotage sénile est très admiré par M. l'abbé Lemire, député, qui, avec une franchise que je ne lui reproche pas, identifie à peu près le christianisme au socialisme.

*
* *

Eh bien, les éminents ecclésiastiques que je viens de mentionner, en voulant résoudre les « questions sociales », montrent uniquement leur ignorance économique, et versent du pétrole sur le feu. Vous me direz que ce sont des catholiques. Qu'importe ? Un autre jour, au besoin, je vous servirai le langage de protestants distingués qui ne valent pas mieux. Au fait, pendant que je vous écris, j'apprends que les anciens acolytes de Manning recommencent leur agitation néfaste dans les docks de Londres, Liverpool, Glascow, Hull, Amsterdam, Rotterdam, Anvers, etc ; parmi eux, même à leur tête, sont deux démagogues de la plus belle eau, et qui ont toujours Jésus-Christ à la bouche. On prétend qu'ils sont à même de faire inter-

---

(1) Le capital est de force à s'occuper de lui-même ; le travail n'a encore que peu de défenseurs et d'amis. Plus je réfléchis, plus je suis du côté du travail.

rompre le travail à un million d'hommes; mais on ne dit pas comment ils feront vivre leurs familles.

Ces pantins sinistres savent-ils ce qu'ils font? Peut-être. Le plus éloquent d'entre eux a naguère fait répandre le bruit qu'il entrerait bientôt dans les ordres; en réalité c'est un tartufe rouge qui vise surtout un siège au Parlement. C'est la politique seule qui agite ces socialistes émérites, et ils ne savent pas même qu'il existe des lois économiques naturelles. L'un des plus distingués, parmi eux, et qui a été premier ministre, disait tout récemment à une assemblée de naïfs ouvriers : « Coopérateurs, vous « avez entrepris la réconciliation du capital et du travail « par la répartition équitable des produits de celui-ci : « voilà votre socialisme à vous. Vous sauvez la liberté de « l'homme et *vous légitimez la propriété individuelle*. S'il « y a des lois économiques mauvaises pour l'homme, c'est « son rôle d'y remédier. *Les lois économiques sont faites* « *pour être vaincues.* » Notez précieusement ce langage; l'homme qui le tient a été à l'école de droit; pourtant, il confond..... est-ce involontairement?... les lois humaines avec les lois fatales et inévitables. Quant à la propriété, il feint de croire qu'il dépend de ses clients d'en consacrer le principe ou de le méconnaître.

J'appelle ça faire l'âne pour avoir du son..... ou des suffrages.

*
* *

Il est plus que prouvé qu'il n'y a pas un *bon socialisme;* si l'on met le doigt dans cet engrenage, tout le corps y passe. Qu'il soit chrétien ou laïque, c'est à la spoliation qu'il aboutit, et il faut que quiconque est loup agisse en loup ! Son vrai langage, le voici :

« Le socialisme consiste dans la transformation de la

« propriété capitaliste en propriété sociale, demandée à
« la conquête du pouvoir politique par le prolétariat orga-
« nisé en parti de classe (1). »
« La fausse théorie du droit absolu de propriété est un
« crime contre la nature; car elle trouve parfaitement
« juste de détourner, pour la satisfaction d'une insatiable
cupidité et d'une sensualité effrénée, ce que Dieu a
« destiné à la nourriture et au vêtement de tous les
« hommes, etc., etc. (2).
« La propriété privée devient propriété commune quand
« l'inanition est à la porte (3). »
« L'opulence est toujours le produit d'un vol (4). »
« La nature a créé le droit commun; l'usurpation a créé
« le droit privé (5). »
« Otez le gouvernement, la terre et tous ses biens sont
« aussi communs entre tous les hommes que l'air et la
« lumière (6). »
« Il faut en finir avec le propriétaire. Le voleur-pro-
« priétaire n'est pas comme le voleur d'un cheval ou
« d'une somme d'argent dont le crime cesse avec l'acte (7).
« L'expropriation avec indemnité est une chimère, au-
« tant, sinon plus, que le rachat... Nous n'avons devant
« nous que la reprise violente, sur quelques-uns, de ce qui
« appartient à tous, disons le mot : la Révolution (8).
Résolutions du Congrès allemaniste :

(1) A. Zévaes. *Petite République Française.*
(2) Mgr Ketteler.
(3) Mgr Ireland.
(4) Saint Jérôme.
(5) Saint Ambroise.
(6) Bossuet.
(7) Benoît Malon.
(8) Jules Guesde.

« *a*) Abolition de la propriété individuelle et du prin-
« cipe même, sous quelque forme que ce soit ;

« *b*) Abolition du salariat;

« *c*) Organisation de sociétés où le travail sera obliga-
« toire pour tous les citoyens valides.

« Le vice est le résultat du crime commis presque
« exclusivement par la société contre l'individu (1). »

Voulant vous citer quelqu'un de tout à fait notable, je
viens de me repaître d'une imposante brochure du
prince Kropotkine. Cet insensé, non seulement conspue
la société issue de la tradition, mais il met presque dans
le même sac le socialisme et le collectivisme pour aboutir
au communisme sans lois d'aucune sorte. Tout ce que j'ai
pu dégager d'une soixantaine de pages, c'est qu'il n'y
aurait plus de crimes ni de guerres si l'on supprimait les
juges, les bourreaux et les soldats. L'absence de toute
autorité peut seule impliquer la véritable liberté. Les
hommes sont naturellement bons; la méchanceté naît chez
eux de la contrainte, etc., etc.

*
 * *

En voilà assez, n'est-ce pas? J'ai trop vécu et observé
pour ne pas déclarer que le socialisme simple ou composé,
c'est d'abord l'envie, puis la haine, aboutissant au vol et
à l'anarchie.

Qu'il y ait des socialistes bien intentionnés, je n'en ai
aucun doute; je suis même enclin à croire que ceux qui
sont particulièrement chrétiens sont moins mauvais que
les autres, et c'est probablement mon amitié pour vous
qui m'arrache cette concession. Mais ce ne sont pas les
moins dangereux, car ils prêtent leur considération à des

____

(1) Tucker, anarchiste de Boston.

sectaires qui ne les valent pas, et portent préjudice à leur propre religion.

Je sais bien que leur élite, personnifiée admirablement, par vous, ne vise que la charité et s'appuie avant tout sur les raisons du cœur.

C'est très touchant; mais contrairement au propos attribué à Talleyrand, je me permets de dire : « *Il faut se défier du premier mouvement, parce que c'est presque toujours le mauvais.* »

En effet, chrétiens, socialistes, économistes même, ont pour devoir de réfléchir avant d'agir. Je ne prétends pas que les adeptes de la science économique soient impeccables sous ce rapport; et je confesse tout le premier que le sentiment m'a fait faire, au cours de ma vie, plus d'une sottise. Mais, en matière sociale, le *statu quo* est préférable aux prétendus progrès, dont les conséquences sont souvent néfastes; même et surtout lorsqu'une vieille fille de joie appelée « Opinion » commande des « réformes » barbares ou contraires à la nature des choses.

* *
*

En pareil cas, les économistes parlent ou écrivent; ils croient l'expérience utile à quelque chose et recommandent la résistance. On se hâte alors de déclarer qu'ils ont une pierre à la place du cœur, et que,

> Lorsque l'on va chez eux pour chercher leurs entrailles,
> Leurs entrailles n'y sont jamais.

C'est vous, ami, qui êtes la bonté et la charité personnifiées, que je charge de démentir ces propos.

Votre fidèle.

ERNEST BRELAY

Paris. — Typ. A. DAVY, 52, rue Madame. — Téléphone.